汉语一月通
Easy Chinese

佟 迅 编著
陶 咏 翻译

东南大学出版社
SOUTHEAST UNIVERSITY PRESS
·南京·

图书在版编目(CIP)数据

 汉语一月通/佟迅编著;陶咏译.—南京:东南大学出版社,2022.3
 ISBN 978-7-5641-9911-1

 Ⅰ.①汉… Ⅱ.①佟… ②陶… Ⅲ.①汉语-对外汉语教学-自学参考资料 Ⅳ.①H195.4

 中国版本图书馆CIP数据核字(2021)第254829号

责任编辑:夏莉莉　责任校对:张万莹　封面设计:王　玥　责任印制:周荣虎

汉语一月通
(Hanyu Yiyue Tong)

编　　著	佟　迅
出版发行	东南大学出版社
社　　址	南京四牌楼2号　邮编:210096　电话:025-83793330
网　　址	http://www.seupress.com
电子邮件	press@seupress.com
经　　销	全国各地新华书店
印　　刷	江苏扬中印刷有限公司
开　　本	787 mm×1092 mm　1/16
印　　张	9.75
字　　数	140千字
版　　次	2022年3月第1版
印　　次	2022年3月第1次印刷
书　　号	ISBN 978-7-5641-9911-1
定　　价	78.00元

＊ 本社图书若有印装质量问题,请直接与营销部联系,电话(传真):025-83791830。

PREFACE 前言

汉语一月通
EASY CHINESE

《汉语一月通》是专为汉语初学者编写的短期汉语教材。本教材以学习者为中心，融入交际型教学法和任务型教学法的核心理念，以实用的交际任务为主线，设计、编排学习内容，强调语言的真实性与情境的设置，注重在交际过程中培养学习者的语言能力。

全书由语音入门（2~4学时）和12单元（4~5学时/单元）组成，总教学时间为50~64学时。教师与学习者可根据学习时间、实际需要灵活选取学习内容。

教材基本结构

- 语音入门

根据短期学习者的特点，集中介绍汉语音节构成、声母、韵母、声调、变调等拼音知识，配备了清晰的彩色版声韵母拼合表及大量语音训练。

- 主题单元

根据汉语学习者在华生活的基本需要，选取最实用的交际任务，设计了12个主题单元。每个单元由课文、生词、语言点、文化点和练习组成，均为中英双语。

教材主要特色

● 针对学习者的交际需求,选取常见的生活场景,课文内容实用,语句简短易学,练习中补充了大量常用词语,基本涵盖日常生活所需的词汇及语法。

● 每课的"文化点"介绍了与交际主题相关的文化常识,有助于学习者加深理解,扩充文化知识。

● 练习形式多样,既有传统的机械式训练,又有实践性较强的交际任务,帮助学习者掌握语言知识,提高交际能力。

● 每个主题单元均配有真人配音、生动形象的动画场景,可扫码播放,便于学习者理解对话内容,进行跟读训练。

● 每一页的页眉均配有与单元主题相关的常用句型,方便学习者自学。

与教材配套的动画场景由李楠女士设计,语音部分由郝庆九先生与张志凌女士配音、陈建芸女士制作完成。东南大学海外教育学院提供了出版经费,东南大学出版社的夏莉莉女士给予了精心的指导与帮助,在此一并致以最衷心的感谢。

真诚欢迎您对本教材提出宝贵的意见与建议。

编者
2021 年 6 月

▶ 前言
PREFACE

Easy Chinese is a short-term Chinese textbook specially prepared for beginners of Chinese. Integrating the core concepts of communicative and tasks-based teaching methodologies, this learners-oriented textbook is designed and arranged with the practical communicative tasks as a main line, with an emphasis on the language authenticity and the context settings, focusing on cultivating learners' language competence in the process of communication.

The textbook is composed of phonetics introduction (2~4 credit hours) and 12 units (4~5 credit hours per unit), with a total teaching time of 50~64 credit hours. Instructors and learners may choose the learning content flexibly according to their learning time and actual needs.

Basic Structure of the Textbook

● Phonetics Introduction

According to the characteristics of short-term learners, it focuses on the introduction of Chinese phonetic knowledge, such as syllabic composition, initials, finals, tones, tone variations, etc. equipped with a clear colored version of the phonological table of initials and finals, as well as a large number of phonetic training.

● Thematic Unit

According to the basic needs of Chinese learners living in China, the most practical communicative tasks are selected and 12 learning units are designed. Each unit consists of texts, new words, language points, cultural points and exercises, all with explanations in both Chinese and English.

Main Features of the Textbook

● According to the learners' communicative needs, common life scenes are selected. The text contents are practical, and the sentences are short and easy to learn. A large number of commonly used words are added in the exercises, basically covering the vocabulary and grammar needed in daily life.

● The cultural points in each lesson introduce the common cultural knowledge related to the communication topic, which may help learners to deepen their understanding and expand their cultural knowledge.

● Various forms of exercises ranging from traditional mechanical training to practical communication tasks may help learners master language knowledge and improve their communication skills.

● Each learning unit is equipped with real people dubbing and vivid animation scenes, which can be played by scanning codes, so that learners could understand the dialogue content and carry out reading training after it.

● Common sentence patterns related to the unit topics are listed in the header of each page to make it convenient for learners to study by themselves.

Thanks to Ms. Li Nan, who designed the animation scenes matching the textbook. Thanks to Mr. Hao Qingjiu and Ms. Zhang Zhiling for dubbing the voice of the phonetic part. Thanks also to Ms. Chen Jianyun for producing the voice part. Special thanks go to the School of International Students of Southeast University for providing the funding for publication, and finally, I wish to acknowledge Ms. Xia Lili from Southeast University Press for her editorial brilliance.

Compiler
June 2021

CONTENTS 目录

汉语词类 *001*
Chinese Part of Speech

语音入门 *002*
An Introduction to Phonetics

第一课　你好（问候）.................................... *011*
Unit 1　HOW DO YOU DO(GREETINGS)

第二课　我叫麦克（介绍）................................ *018*
Unit 2　MY NAME IS MIKE(INTRODUCTION)

第三课　多少钱（购物）.................................. *026*
Unit 3　HOW MUCH IS IT(SHOPPING)

第四课　今天几号（时间）................................ *038*
Unit 4　WHAT'S THE DATE TODAY(TIME)

第五课　去中国银行怎么走（问路）........................ *050*
Unit 5　HOW TO GO TO BANK OF CHINA(ASKING THE WAY)

汉语一月通
Easy Chinese

CONTENTS

第六课　这个菜真好吃（就餐） **061**
Unit 6　THIS DISH IS VERY DELICIOUS(AT A RESTAURANT)

第七课　你怎么了（就诊） **076**
Unit 7　WHAT'S WRONG WITH YOU(SEEING A DOCTOR)

第八课　请问,宋家明在吗（打电话） **084**
Unit 8　EXCUSE ME, IS SONG JIAMING THERE (MAKING A PHONE CALL)

第九课　今天太热了（天气） **093**
Unit 9　IT'S TOO HOT TODAY(WEATHER)

第十课　我喜欢打篮球（爱好） **102**
Unit 10　I LIKE PLAYING BASKETBALL(HOBBY)

第十一课　买一张去北京的火车票（旅行） **112**
Unit 11　I WANT TO BUY A TRAIN TICKET TO BEIJING(TRAVELING)

第十二课　我要一个单人间（住宿） **122**
Unit 12　I WANT A SINGLE ROOM(HOTEL CHECK-IN)

词汇表 **133**
Vocabulary

汉语词类
Chinese Part of Speech

1. 名词（名）　　　míngcí　　　　　　　noun
2. 代词（代）　　　dàicí　　　　　　　　pronoun
3. 动词（动）　　　dòngcí　　　　　　　verb
   　能愿动词　　　néngyuàndòngcí　　　modal verb
4. 形容词（形）　　xíngróngcí　　　　　adjective
5. 副词（副）　　　fùcí　　　　　　　　adverb
6. 数词（数）　　　shùcí　　　　　　　　numeral
7. 量词（量）　　　liàngcí　　　　　　　classifier
8. 介词（介）　　　jiècí　　　　　　　　preposition
9. 连词（连）　　　liáncí　　　　　　　conjunction
10. 助词（助）　　　zhùcí　　　　　　　particle
11. 叹词（叹）　　　tàncí　　　　　　　interjection
12. 词头（头）　　　cítóu　　　　　　　prefix

语音入门
An Introduction to Phonetics

一、汉语音节 Chinese Syllables

汉语的大多数音节由声母、韵母和声调拼合而成。比如：

Chinese syllables are mostly composed of an initial, a final and a tone, e.g.

音节结构图 Sketch of Chinese Syllabic Structure

音节开头的辅音叫声母，如上面的"b"，剩下的部分是韵母，如上面的"ao"，元音上的记号是声调，如"ˋ"。

The consonant at the head of a syllable is called the initial, such as "b" in the above sketch, while the rest of the syllable is the final, such as "ao". The mark on a vowel stands for a tone, e.g. "ˋ".

二、声母 Initials

b p m f d t n l g k h j q x zh ch sh r z c s

三、韵母 Finals

	a	o	e	ai	ei	ao	ou	an	en	ang	eng	ong
i	ia		ie			iao	iou(iu)	ian	in	iang	ing	iong
u	ua	uo		uai	uei(ui)			uan	uen(un)	uang	ueng	
ü			üe					üan	ün			

＊普通话里有一些音节没有辅音声母，我们称之为"零声母"，例如：ài，é。

Some syllables in Chinese have no consonant initials, which are called "zero initials", e.g. ài, é.

* 以 i 开头的音节,有 3 个韵母的前面要加上 y:i→yi, in→yin, ing→ying;其他以 i 开头的音节,i 要改成 y,例如:ia→ya, ie→ye, iong→yong。

For syllables beginning with i, y should be added at the beginning of the three finals:i→yi, in→yin, ing→ying; For other syllables beginning with i, i should be changed into y, e. g. ia→ya, ie→ye, iong→yong.

* 以 u 开头的音节,单韵母 u 的前面要加上 w:u→wu;其他韵母中的 u 要改成 w,例如:ua→wa, uo→wo, uen→wen, uang→wang。

For a syllable beginning with u, w should be added before the single vowel：u→wu; and the other vowels with u should be changed to w, e. g. ua→wa, uo→wo, uen→wen, uang→wang.

* 以 ü 开头的音节,要在 ü 的前面加 y,ü 上的两点要去掉,例如:ü→yu, üe→yue, üan→yuan, ün→yun。

For syllables beginning with ü, y should be added before the ü, and the two dots on the ü should be removed, e. g. ü→yu, üe→yue, üan→yuan, ün→yun.

* 带有 ü 的韵母与 n、l 相拼时,仍写成 ü,例如:lǘ, nǚ, lüě, nüè;与 n、l 以外的声母相拼时都省去两点,例如:jǔ, xù, què, xuān。

When finals with ü spelled with n and l, ü should still be written as ü, e. g. lǘ, nǚ, lüě and nüè; and the two dots should be left out when ü is spelled with the initials other than n and l, e. g. jǔ, xù, què, xuān.

四、声调 Tones

汉语普通话有四个声调,分别为:第一声(ˉ)、第二声(ˊ)、第三声(ˇ)、第四声(ˋ)。不同的声调代表不同的意思,例如:

There are four basic tones in Mandarin Chinese, and the marks of which are the 1st tone (ˉ), the 2nd tone(ˊ), the 3rd tone(ˇ) and the 4th tone(ˋ). Different tones may represent different meanings, e. g.

fū	fú	fǔ	fù
夫(husband)	浮(float)	抚(comfort)	父(father)

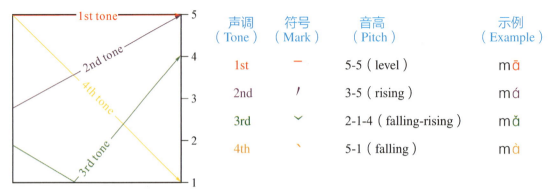

声调调值示意图 Diagram of the 4 Tonal Pitches

声调符号要标在主要元音上，如：táng，bĕn。有两个或两个以上元音时，调号标在开口度较大的元音上，如：hào，fēi，gŏu。调号标在元音 i 上时，要去掉 i 的"·"，如：mĭ，pí。韵母 iu、ui 分别是 iou、uei 的缩写方式，所以有韵母 iu、ui 的音节中，调号要标在后面的 u 或者 i 上，如：qiú，duì。

Tone marks should be marked on the main vowels, e. g. táng, bĕn. When there are two or more vowels, the tone marks should be placed on the vowel requiring a wider opening of mouth, e. g. hào, fēi, gŏu. The dot "·" on the i should be left out when the tone mark is marked above it, e. g. mĭ, pí. Finals like iu and ui are the short forms of iou and uei, so the tone marks should be placed on u or i in the syllables with the finals of iu and ui, e. g. qiú, duì.

五、变调 Tone Sandhi

汉语中有些音节不带声调，发音又轻又短，这样的音节叫"轻声"。轻声音节不标调，例如：zăoshang，dāozi。

In Chinese, some syllables are toneless and are pronounced short and light, which are called "neutral tones" and are not marked with tone marks, e. g. zăoshang, dāozi.

两个第三声音节相连时，前一个第三声音节要读第二声，例如：nĭ hăo→ní hăo，Hăikŏu→Háikŏu。第三声音节后面紧跟一个第一声、第二声、第四声或大多数轻声音节时，第三声音节要读成"半三声"，也就是只读第三声音节（调值 2-1-4）前半段的降调部分（调值 2-1），不读后半段的上升部分，然后马上读下一个音节，例如：

Běijīng，běi 的"半三声"发得快一些、轻一些，紧接着就读 jīng。yǔyán，wǔfàn，wěiba 等也是同样的发音方法。

When two syllables with a 3rd tone are put together, the first syllable with a 3rd tone should be changed to a 2nd tone, e. g. nǐ hǎo→ní hǎo and Hǎikǒu→háikǒu. When a 3rd-tone syllable is immediately followed by a 1st-, 2nd-, 4th- or a neutral-tone syllable, the syllable with a 3rd tone (tonal pitch 2-1-4) should be articulated in a way of "half 3rd tone", which means only the part of the falling tone (tonal pitch 2-1) of the 3rd-tone syllable is articulated, e. g. with the half 3rd tone of běi in Běijīng being pronounced quicker and lighter, proceed to pronounce jīng immediately. Syllables like yǔyán, wǔfàn and wěiba are also pronounced in the way like this.

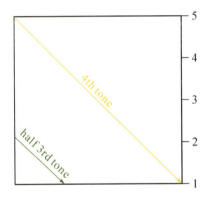

半三声与第四声调值示意图 Diagram of the Pitches of Half 3rd and 4th Tones

"一"和"不"单念、在词句末尾以及"一"在序数中，要读原调，"一"为第一声（调值 5-5），"不"为第四声（调值 5-1）。"一"和"不"在第四声音节前，一律变为第二声（调值 3-5）。在第一声、第二声、第三声音节前，"一"变成第四声（调值 5-1），"不"仍读第四声（调值 5-1）。例如：

The original tones of "一" and "不" are used when they are read alone, placed at the end of a phrase or a sentence, or "一" used in cardinal numbers; the original tone of "一" is 1st tone (tone pitch 5-5) and that of "不" is 4th tone (tone pitch 5-1). "一" and "不" are pronounced in the 2nd tone(tone pitch 3-5) if followed by a 4th-tone syllable. And "一" should be pronounced in the 4th tone(tone pitch 5-1) if followed by a 1st-, 2nd- or 3rd-tone syllable, while "不" is still pronounced in its original tone (tone pitch 5-1). e. g.

yī(→yì)bān   yī(→yì)nián   yī(→yì)qǐ   yī(→yí)dìng
bù gāo   bù nán   bù hǎo   bù(→bú)qù

练习 Exercises

1. 辨别声母 Distinguish initials

ba/pa	bei/pei	bao/pao	ban/pan	beng/peng
bu/pu	da/ta	dai/tai	dou/tou	dan/tan
dian/tian	du/tu	na/la	nei/lei	nao/lao
nie/lie	niao/liao	nü/lü	ge/ke	gai/kai
gao/kao	gen/ken	guang/kuang	gu/ku	ji/qi
jia/qia	jie/qie	juan/quan	jiong/qiong	ju/qu
ze/ce	zao/cao	zou/cou	zuo/cuo	zuan/cuan
zun/cun	zha/cha	zhai/chai	zhou/chou	zhen/chen
zhuan/chuan	zhu/chu	zi/zhi	ze/zhe	zan/zhan
zui/zhui	zong/zhong	zu/zhu	ca/cha	cao/chao
cuo/chuo	ceng/cheng	cui/chui	cun/chun	si/shi
sai/shai	sen/shen	suo/shuo	suan/shuan	su/shu

2. 辨别韵母 Distinguish finals

pai/pei	ban/ben	man/mang	fen/feng	bin/bing
dai/dao	tan/tao	lou/luo	diao/dian	men/meng
lie/lei	dui/diu	jia/jie	pao/pou	tuan/tun
gou/guo	hua/huo	cen/cun	gen/geng	guan/guang
jia/jie	que/qie	xian/xuan	qiao/qian	xue/xun
cai/can	zou/zuo	sen/seng	zhen/zhun	jin/jing
suo/sui	zuan/zun	sao/sou	cen/ceng	bin/ben
zhi/zhui	chua/chuo	shao/shai	hui/hun	shuan/shuang
gu/qu	dao/dou	chun/chen	yin/yun	wen/weng
wu/yu	yue/yun	tun/jun	guan/quan	yan/yuan

3. 声调练习 Tone practice

bā   bá   bǎ   bà

māo	máo	mǎo	mào
fēi	féi	fěi	fèi
nī	ní	nǐ	nì
kuī	kuí	kuǐ	kuì
jiā	jiá	jiǎ	jià
rāng	ráng	rǎng	ràng
chāi	chái	chǎi	chài
qiē	qié	qiě	qiè
zhī	zhí	zhǐ	zhì
lōu	lóu	lǒu	lòu
yuān	yuán	yuǎn	yuàn

4. 变调 Tone sandhi

三声变调 The 3rd tone sandhi:

nǐ hǎo	guǎngchǎng	yǔfǎ	biǎoyǎn	kěyǐ
wěiqū	shěngxīn	jiǎndān	lǐhuā	qǐxiān
zǔguó	kǎochá	jiějué	chuǎimó	fěiwén
huǐwù	wěidà	shǐmìng	měilì	xǔyuàn
jiějie	xǐhuan	ěrduo	yǐngzi	nǐmen

"一"的变调 The tone sandhi of "一":

shí 一	一 tiān	一 chéng	一 shǒu	一 yàng

"不"的变调 The tone sandhi of "不":

不 hē	不 xíng	不 dǒng	不 huì	不 yào

5. 轻声 The neutral tone

dōngxi	dìdao	xièxie	zhuōzi	xiāoxi
wǎnshang	tāmen	shítou	chuānghu	dòufu

附录：普通话声韵母拼合表
Appendix: Phonological Table of Initials & Finals of Putonghua (Mandarin Chinese)

	-i	a	o	e	er	ai	ei	ao	ou	an	en	ang	eng	ong	i	ia	ie	iao	iou(iu)	ian	in	iang	ing	iong	u	ua	uo	uai	uei(ui)	uan	uen(un)	uang	ueng	ü	üe	üan	ün
		a	o	e	er	ai	ei	ao	ou	an	en	ang	eng		yi	ya	ye	yao	you	yan	yin	yang	ying	yong	wu	wa	wo	wai	wei	wan	wen	wang	weng	yu	yue	yuan	yun
b		ba	bo			bai	bei	bao		ban	ben	bang	beng		bi		bie	biao		bian	bin		bing		bu												
p		pa	po			pai	pei	pao	pou	pan	pen	pang	peng		pi		pie	piao		pian	pin		ping		pu												
m		ma	mo	me		mai	mei	mao	mou	man	men	mang	meng		mi		mie	miao	miu	mian	min		ming		mu												
f		fa	fo				fei		fou	fan	fen	fang	feng												fu												
d		da		de		dai	dei	dao	dou	dan	den	dang	deng	dong	di		die	diao	diu	dian			ding		du		duo		dui	duan	dun						
t		ta		te		tai		tao	tou	tan		tang	teng	tong	ti		tie	tiao		tian			ting		tu		tuo		tui	tuan	tun						
n		na		ne		nai	nei	nao	nou	nan	nen	nang	neng	nong	ni		nie	niao	niu	nian	nin	niang	ning		nu		nuo			nuan				nü	nüe		
l		la		le		lai	lei	lao	lou	lan		lang	leng	long	li	lia	lie	liao	liu	lian	lin	liang	ling		lu		luo			luan	lun			lü	lüe		
g		ga		ge		gai	gei	gao	gou	gan	gen	gang	geng	gong											gu	gua	guo	guai	gui	guan	gun	guang					
k		ka		ke		kai	kei	kao	kou	kan	ken	kang	keng	kong											ku	kua	kuo	kuai	kui	kuan	kun	kuang					
h		ha		he		hai	hei	hao	hou	han	hen	hang	heng	hong											hu	hua	huo	huai	hui	huan	hun	huang					
j															ji	jia	jie	jiao	jiu	jian	jin	jiang	jing	jiong										ju	jue	juan	jun
q															qi	qia	qie	qiao	qiu	qian	qin	qiang	qing	qiong										qu	que	quan	qun
x															xi	xia	xie	xiao	xiu	xian	xin	xiang	xing	xiong										xu	xue	xuan	xun
zh	zhi	zha		zhe		zhai	zhei	zhao	zhou	zhan	zhen	zhang	zheng	zhong											zhu	zhua	zhuo	zhuai	zhui	zhuan	zhun	zhuang					
ch	chi	cha		che		chai		chao	chou	chan	chen	chang	cheng	chong											chu	chua	chuo	chuai	chui	chuan	chun	chuang					
sh	shi	sha		she		shai	shei	shao	shou	shan	shen	shang	sheng												shu	shua	shuo	shuai	shui	shuan	shun	shuang					
r	ri			re				rao	rou	ran	ren	rang	reng	rong											ru	rua	ruo		rui	ruan	run						
z	zi	za		ze		zai	zei	zao	zou	zan	zen	zang	zeng	zong											zu		zuo		zui	zuan	zun						
c	ci	ca		ce		cai		cao	cou	can	cen	cang	ceng	cong											cu		cuo		cui	cuan	cun						
s	si	sa		se		sai		sao	sou	san	sen	sang	seng	song											su		suo		sui	suan	sun						

汉语一月通
Easy Chinese

※汉语普通话韵母中,有一个卷舌韵母 er,不与其他声母相拼,而是单独构成音节。er 经常跟在其他音节后面,组成儿化韵母,也就是在原韵母后面加 r,表示卷舌动作,如 nǎr, yíkuàir, xiǎoháir, hǎowánr。

For the finals of Mandarin Chinese, there is a retroflex final of er, which is not spelled with other initials but constitutes syllables independently. Preceded by other syllables, er can constitute a retroflexed final by adding a r after original finals to indicate an act of retroflex, e. g. nǎr, yíkuàir, xiǎoháir, hǎowánr.

Zǎoshang hǎo!
早上 好!
Good morning!

 第一课
你好（问候）

第一课　你好（问候）
Nǐ hǎo
Unit 1　HOW DO YOU DO（GREETINGS）

情景 ①

Scene 1

Màikè：Wáng lǎoshī, nín hǎo!
麦克：王 老师,您好!
How do you do, Teacher Wang!

Wáng lǎoshī：Nǐ hǎo, Màikè!
王老师：你好,麦克!
How do you do, Mike!

情景 ②

Scene 2

Zhēnnī：Màikè, nǐ hǎo ma?
珍妮：麦克,你好吗?
How are you doing, Mike?

Màikè：Hěn hǎo. Nǐ ne?
麦克：很 好。你呢?
Very well, how about you?

Zhēnnī：Wǒ yě hěn hǎo. Nǐ bàba māma hǎo ma?
珍妮：我也很好。你爸爸妈妈好吗?
I'm fine too, and how about your parents?

Màikè：Tāmen dōu hěn hǎo.
麦克：他们都很好。
They're all fine.

汉语一月通 Easy Chinese

Xiàwǔ hǎo!
下午 好!
Good afternoon!

01 生词 New Words

❶	老师	lǎoshī	(名)	teacher
❷	您	nín	(代)	(honorific) you
❸	好	hǎo	(形)	good, fine, okay
❹	你	nǐ	(代)	you (singular)
❺	吗	ma	(助)	a modal particle used at the end of a question
❻	很	hěn	(副)	very
❼	呢	ne	(助)	a modal particle used at the end of a special, alternative, or rhetorical question to indicate a question
❽	我	wǒ	(代)	I, me
❾	也	yě	(副)	also, too
❿	爸爸	bàba	(名)	father
⓫	妈妈	māma	(名)	mother
⓬	他们	tāmen	(代)	they, them
⓭	都	dōu	(副)	both, all

02 专名 Proper Nouns

❶	王	Wáng	Wang, a Chinese surname
❷	麦克	Màikè	Mike
❸	珍妮	Zhēnnī	Jenny

Nǐ zuìjìn hǎo ma?
你最近好吗?
How have you been?

▶ 第一课
你好（问候）

语言点 03
Language Points

1 Nǐ hǎo!
你好! How do you do!

汉语句子的语序一般是主语在前,谓语在后。谓语的主要成分是动词,形容词等也可以做谓语,如"你好"中的谓语就是形容词"好"。

The word order of a Chinese sentence is generally structured with subjects preceding predicates. The main elements of the predicates are usually verbs, and words such as adjectives can also be used as predicates as "你好"in the sentence.

2 Nǐ hǎo ma?
你好吗? How are you doing?

在汉语中,陈述句和疑问句的语序是一样的。陈述句句尾加上表示疑问的语气助词"吗",即构成汉语中的是非疑问句,如:"你好吗?"这类疑问句一般以陈述句的肯定形式或否定形式作答。除了"陈述句＋吗"的疑问句,其他问句句尾都不能加"吗"。

In Chinese, affirmative and interrogative sentences are generally of the same word order. A yes/no question can be formed by adding a modal particle "吗"at the end of an affirmative sentence, e.g. "你好吗?". This sort of interrogative sentences may be answered with affirmative or negative forms. Apart from the yes/no question formed by "an affirmative sentence＋吗", the other sort of interrogative sentences usually cannot be formed by adding "吗"at the end of a sentence.

3 Hěn hǎo.
很好。Very well.

这句话完整的形式是"我很好",是一个形容词谓语句。形容词做谓语常用来描述或评价事物。形容词前一般要带副词,否则,句子的功能将由描述转为比较。例如,"我很忙"是一个完整的描述句,而"我忙,他不忙"带比较意味。

Tīng hǎo de.
挺 好 的。
Pretty good.

在形容词谓语句中,主语与谓语之间不能加"是"。

The complete form of this sentence is "我很好", which is a sentence with an adjective predicate. When an adjective functions as the predicate of a sentence, it is called a sentence with an adjective predicate. This sort of sentences can be used to describe or evaluate things. The adjectives in this case usually take an adverb before them, which may be tinted with comparison if they do not have an adverb. "我很忙 (I'm very busy)" is a complete descriptive sentence whereas "我忙,他不忙(I'm busy but he's not)" is a sentence with a tint of comparison. The word "是" cannot be inserted between the subject and the predicate.

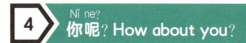

4 你呢? How about you?

在这里,名词性短语加"呢"构成省略疑问句,语义与前面的话题相关。如对话中"你呢?"的意思是"你好吗?"。

An elliptical question sentence indicating the semantic meaning relating to the aforementioned topic can be formed with a noun phrase plus "呢" as the sentence in the dialogue "你呢?" which means"你好吗?".

5 我也很好。I'm fine too.

在汉语句子中,副词应该放在动词或者形容词的前面,如"很好"。副词"也"和其他副词用在同一个句子时,"也"要放在其他副词前面,如"也很好"。

In Chinese sentences, an adverb is supposed to be placed before a verb or an adjective such as "很好". And the adverb "也" should be put before an adverb when it is used with other adverbs in a sentence, e.g. "也很好".

Zuìjìn zěnmeyàng?
最近 怎么样?
How is it going?

04 文化点 Cultural Points

1 打招呼 Greetings

"你好"是最常用的问候语,任何时间、任何场合都可以使用。对方的回答也是"你好"。"你好吗?"一般用于已经认识的人之间,回答大多为"很好""不错""还可以"。

"你好"is a common greeting that can be used at any time and on all occasions, which can also be used for greeting back. "你好吗?"is generally used among the acquaintances, which, in most cases, can be answered back with "很好","不错"and"还可以".

2 称呼 Addressing

非亲友关系中,中国人一般会礼貌地称呼对方的"姓+称谓",如王老师、张小姐、李先生、刘大夫。

In China, it is courteous to address a person using a surname + a title, e.g. 王老师(Teacher Wang),张小姐(Miss Zhang),李先生(Mr. Li) and 刘大夫(Dr. Liu).

05 练习 Exercises

❶ 辨别声母   Distinguish initials

bǎo/pǎo   biē/piē   bàng/pàng   béng/péng
dàn/tàn   dōng/tōng dǎ/tǎ   duān/tuān
lài/nài   nǎo/lǎo   nián/lián   líng/níng

汉语一月通
Easy Chinese

Hái kěyǐ.
还 可以。
I'm all right.

zòu/còu	zū/cū	zuó/cuó	zǎi/cǎi
rè/lè	lù/rù	rán/lán	ruǎn/luǎn

❷ 辨别韵母 Distinguish finals

còu/cuò	shōu/shuō	lǒu/luǒ	tóu/tuó
bǎi/běi	lài/lèi	wāi/wēi	pái/péi
jīn/jīng	bìn/bìng	lín/líng	yǐn/yǐng
xiě/xuě	jiè/juè	niè/nüè	qiē/quē
yān/yuān	jiǎn/juǎn	xuàn/xiàn	quán/qián

❸ 辨别声调 Distinguish tones

jiè/jié	huài/huái	yuè/yuē	kǎi/kài
xiān/xiàn	jué/juě	qū/qǔ	gěng/gèng
duō/duǒ	tuǐ/tuì	niú/niǔ	nào/náo
sǎn/sàn	wū/wǔ	cùn/cún	zǒu/zòu

❹ 认读 Identification

lǐfà	lǐhuā	shūfǎ	shāfā
kèkǔ	kèfú	dìtú	yìtú
yóupiào	yóutiáo	jiǎnmàn	jiànmiàn
xíngdòng	xīndòng	shuìjiào	shuāijiāo

❺ 替换练习 Substitutions

(1) Nǐ hǎo!
　　你 好！

　　nǐmen
　　你们(you⟨plural⟩);

　　lǎoshī
　　老师(teacher);

　　Lǐ xiǎojiě
　　李 小姐(Miss Li);

　　Zhāng xiānsheng
　　张 先生(Mr. Zhang);

　　zǎoshang
　　早上(morning);

　　wǎnshang
　　晚上(evening, night)

Hǎojiǔ bújiàn.
好久 不见。
Long time no see.

第一课
你好（问候）

(2) A：<u> Nǐ </u> hǎo ma?
　　　<u> 你 </u> 好 吗？
　　B：<u> Wǒ </u> hěn hǎo.
　　　<u> 我 </u> 很 好。

　　nǐ gēge
　　你 哥哥（your elder brother）
　　nǐ jiějie
　　你 姐姐（your elder sister）
　　nǐmen
　　你们
　　nǐ dìdi mèimei
　　你 弟弟 妹妹（your younger
　　　　　brother and sister）

　　tā
　　他（he）；
　　tā
　　她（she）；
　　wǒmen
　　我们（we）；
　　tāmen
　　他们（they）

(3) A：Wǒ hěn hǎo. Nǐ ne?
　　　我 很 <u>好</u>。你 呢？
　　B：Wǒ yě hěn hǎo.
　　　我 也 很 <u>好</u>。

　　máng
　　忙（busy）；
　　gāoxìng
　　高兴（happy）；
　　kùn
　　困（sleepy）；

　　lèi
　　累（tired）；
　　è
　　饿（hungry）；
　　dānxīn
　　担心（worried）

❻ 完成对话　Complete the dialogues

(1) A：Nǐ hǎo!
　　　你 好！
　　B：_____！

(2) A：_____？
　　B：Wǒ hěn hǎo.
　　　我 很 好。_____？
　　A：Wǒ yě hěn hǎo.
　　　我 也 很 好。

❼ 会话练习　Conversational practice

与同伴相互问候。To exchange greetings with peers.

汉语一月通
Easy Chinese

Wǒ lái jièshào yíxià, zhè wèi shì Wáng lǎoshī.
我 来 介绍 一下，这 位 是 王 老师。
Allow me to introduce. This is Teacher Wang.

Wǒ jiào Màikè
第二课　我叫麦克（介绍）
Unit 2　MY NAME IS MIKE (INTRODUCTION)

情景 ❶

Scene 1

Màikè: Qǐngwèn, nín guìxìng?
麦克：请问，您贵姓？
Excuse me, may I have your surname?

Sòng Jiāmíng: Wǒ xìng Sòng, jiào Sòng Jiāmíng. Nǐ jiào shénme míngzi?
宋　家明：我姓宋，叫宋家明。你叫什么名字？
My surname is Song and full name is Song Jiaming. What's yours?

Màikè: Wǒ jiào Màikè.
麦克：我叫麦克。
My name is Mike.

Sòng Jiāmíng: Hěn gāoxìng rènshi nǐ. Nǐ shì nǎ guó rén?
宋　家明：很高兴认识你。你是哪国人？
Nice to meet you. Where are you from?

Màikè: Wǒ shì Měiguó rén. Wǒ zài Dōngnán Dàxué xuéxí Hànyǔ.
麦克：我是美国人。我在东南大学学习汉语。
I'm from America. I'm learning Chinese at Southeast University.

Zhè shì wǒ péngyou.
这 是 我 朋友。
This is my friend.

第二课
我叫麦克（介绍）

Scene 2

Màikè：Zhè shì Zhēnnī, zhè shì Sòng Jiāmíng.
麦克：这是珍妮，这是宋家明。
This is Jenny. This is Song Jiaming.

Zhēnnī：Nǐ hǎo, Sòng Jiāmíng.
珍妮：你好，宋家明！
Hi, Song Jiaming!

Sòng Jiāmíng：Nǐ hǎo! Nǐ yě shì Měiguó rén ma?
宋家明：你好！你也是美国人吗？
Hi! Are you also from America?

Zhēnnī：Wǒ bú shì Měiguó rén, wǒ shì Yīngguó rén.
珍妮：我不是美国人，我是英国人。
No, I'm from England.

Màikè：Zhēnnī shì wǒ tóngxué, tā yě zài Dōngnán Dàxué xuéxí Hànyǔ.
麦克：珍妮是我同学，她也在东南大学学习汉语。
Jenny is my classmate. She's also learning Chinese at Southeast University.

Sòng Jiāmíng：Zhēnnī, hěn gāoxìng rènshi nǐ.
宋家明：珍妮，很高兴认识你。
Jenny, nice to meet you.

汉语一月通
Easy Chinese

Yǒu kòng cháng liánxì.
有 空 常 联系。
Keep in touch when you have time.

01 / 生词
New Words

❶	请问	qǐngwèn	(动)	Excuse me
	请	qǐng	(动)	please
	问	wèn	(动)	to ask
❷	贵姓	guìxìng	(名)	May I know your name?
	姓	xìng	(动、名)	surname; one's family name is
❸	叫	jiào	(动)	to call
❹	什么	shénme	(代)	what
❺	名字	míngzi	(名)	name
❻	高兴	gāoxìng	(形)	glad
❼	认识	rènshi	(动)	to know
❽	是	shì	(动)	to be (am, are, is, etc.)
❾	哪	nǎ	(代)	which
❿	国	guó	(名)	country; nation
⓫	人	rén	(名)	people; person
⓬	在	zài	(介、动)	at; be at/in/on
⓭	学习	xuéxí	(动)	to study
⓮	汉语	Hànyǔ	(名)	Chinese
⓯	这	zhè	(代)	this
⓰	不	bù	(副)	no; not
⓱	同学	tóngxué	(名)	classmate

02 / 专名
Proper Nouns

❶	宋家明	Sòng Jiāmíng	Song Jiaming
❷	美国	Měiguó	U. S.
❸	东南大学	Dōngnán Dàxué	Southeast University
❹	英国	Yīngguó	U. K.

Huānyíng nǐ lái wǒmen xuéxiào kànkan.
欢迎 你来 我们 学校 看看。
Welcome to our school.

第二课
我叫麦克（介绍）

语言点 03
Language Points

1 Qǐngwèn, nín guìxìng?
请问，您 贵姓？
Excuse me, may I have your surname?

向别人询问事情时常说："请问，……？""贵姓"是询问姓名时用的敬辞。

When you ask a stranger about something in a polite way, you may begin with "请问". "贵姓" is a sort of polite and respectful way of asking people about one's family name.

2 Nǐ jiào shénme míngzi? What's your name?
你叫 什么 名字？
Nǐ shì nǎ guó rén? Where are you from?
你是 哪 国 人？

疑问代词"什么""哪"等用来询问事物的具体信息，这样的问句叫特殊疑问句。只要把陈述句中需要提问的部分换成相应的疑问代词，不改变句子的语序，就构成了特殊疑问句，句尾不能加"吗"。

The interrogative pronouns such as "什么(what)" and "哪(which)" can be used to ask about the specific information of something; such kinds of question sentences are called wh-questions. Wh-questions can be formed by changing the parts to be questioned about in affirmative sentences into corresponding interrogative pronouns without changing the word order or adding "吗" at the end of sentences.

3 Wǒ shì Měiguó rén. I'm from America.
我 是 美国 人。

"主语＋是＋名词"主要表示肯定、判断，常用来表明两个事物之间的关系。汉语中的"是"不随主语和时态而变化。否定形式为"不是"。

"S.＋是＋n." is often used for an affirmative or a judgment indicating the relationship between two things. And the "是" in Chinese does not change in compliance with the subjects and tenses. The negative form of "是" is "不是".

汉语一月通
Easy Chinese

Gěi nǐ jièshào yí wèi péngyou.
给你介绍 一位 朋友。
I'd like to introduce a friend to you.

4 Wǒ zài Dōngnán Dàxué xuéxí Hànyǔ.
我 在 东南 大学 学习 汉语。
I'm learning Chinese at Southeast University.

在动词做谓语的句子中,基本语序为:主语＋谓语(动词)＋宾语。介词"在"加上处所词常常放在谓语的前面,表示动作行为发生的地点。

The basic word order is S.＋Predicate(*v.*)＋O. in the sentences where verbs function as a predicate. The preposition "在" along with positional words are often placed before a predicate stating the place where an act takes place.

04 / 文化点
Cultural Points

1 中国人的姓名 Chinese Names

中国人的名字分为姓和名两个部分,姓在前,名在后。姓多为一个字,常见的有"李""王""张""刘"等,少数为两个或两个以上汉字,如"欧阳""上官"等。名有一个汉字的,也有两个汉字的。

Chinese names can be broken into two parts with the surnames/family names preceding the given names. Generally, one Chinese character is used for surnames/family names, e.g. Li, Wang, Zhang and Liu; and sometimes two or more characters such as Ouyang and Shangguan are used while Chinese given names are composed of either one character or two characters.

2 见面礼仪 Meeting Etiquettes

双方经介绍认识后,通常互相握手致意。

In China, it is customary for two people who don't know to shake hands for greetings after having been introduced and become acquainted.

Tā shì Dōngnán Dàxué de xuésheng.
他 是 东南 大学 的 学生。
He is a student of Southeast University.

第二课
我叫麦克（介绍）

练习 05
Exercises

❶ 辨别声母 Distinguish initials

jiā/qiā	jiě/qiě	juè/què	jūn/qūn
qiǔ/xiǔ	qiáo/xiáo	quàn/xuàn	qiāng/xiāng
gǎi/kǎi	gēng/kēng	guò/kuò	guāng/kuāng
shǎi/xiǎo	shéng/xíng	shān/xiān	shào/xiào

❷ 辨别韵母 Distinguish finals

suǐ/xiǔ	guī/qiū	diū/duī	jiǔ/zuǐ
gùn/qún	shùn/xùn	yún/lún	jūn/hūn
bēi/piē	nèi/liè	zéi/jié	shuí/xié
míng/méng	bìng/bèng	lǐng/lěng	tīng/tēng

❸ 三声变调 Tone change of the 3rd tone

shǒudū	yǎnchū	jiǎndān	gǎnjī
kěnéng	lǐtáng	nǚhái	Hǎinán
měihǎo	shuǐjiǎo	kěyǐ	xiǎngfǎ
gǎnkuài	wǎnhuì	kěpà	hǎokàn
zǔzong	lǐbian	jiǎozi	zěnme

❹ 认读 Identification

mántou	shǒubiǎo	bǔkè	línshí
yuēhuì	qǔxiāo	lìhai	yùndòng
fǎyǔ	yǔfǎ	piányi	lùyīn
qīngtīng	yǐjīng	fǎnkuì	liúlián

汉语一月通
Easy Chinese

Tā shì yīshēng.
她 是 医生。
She is a physician.

❺ 替换练习　Substitutions

(1) A: Nǐ shì nǎ guó rén?
　　你 是 哪 国 人？
　　B: Wǒ shì Měiguó rén.
　　我 是 ___美国___ 人。

　　Zhōngguó　　　　　　　Rìběn
　　中 国 (China)；　　　日本 (Japan)；

　　Yīngguó　　　　　　　Déguó
　　英 国 (U.K.)；　　　 德国 (Germany)；

　　Hánguó　　　　　　　 Fǎguó
　　韩 国 (Korea)；　　　法国 (France)

(2) Wǒ zài Dōngnán Dàxué xuéxí Hànyǔ.
　　我 在 ___东 南 大学___ 学习 汉语。

　　Běijīng　　　　　　　Nánjīng
　　北京 (Beijing)；　　 南京 (Nanjing)；

　　Shànghǎi　　　　　　 Guǎngzhōu
　　上海 (Shanghai)；　 广州 (Guangzhou)；

　　Xī'ān　　　　　　　　Chéngdū
　　西安 (Xi'an)；　　　 成都 (Chengdu)

❻ 完成对话　Complete the dialogues

(1) A: _____？
　　　　Wǒ xìng　　 wǒ jiào
　　B: 我 姓 _____, 我 叫 _____。
　　　　Nǐ shì nǎ guó rén?
　　A: 你 是 哪 国 人？
　　　　Wǒ shì　　　 rén.
　　B: 我 是 _____ 人。

(2) A: Nǐ hǎo! Wǒ jiào
　　　你好! 我 叫 _____。
　　　　Nǐ hǎo! Wǒ jiào
　　B: 你好! 我 叫 _____。
　　　　　　　　　　　　nǐ ne?
　　A: _____, 你 呢？
　　　　Wǒ yě shì Màikè de péngyou.
　　B: 我 也 是 麦克 的 朋友。

Tā zài yīyuàn gōngzuò.
她 在 医院 工作。
She works in a hospital.

第二课
我叫麦克（介绍）

❼ 用"也"改写下面的句子 Rewrite the sentences using "也"

         Wǒ hěn hǎo.   Wǒ yě hěn hǎo.
例如：我 很 好。 ——→ 我 也 很 好。

       Wǒ xìng Wáng.
(1) 我 姓 王。 ——→ _____

       Zhēnnī shì wǒ tóngxué.
(2) 珍妮 是 我 同学。 ——→ _____

       Tā zài Dōngnán Dàxué xuéxí.
(3) 他 在 东 南 大学 学习。 ——→ _____

       Màikè shì Měiguó rén.
(4) 麦克 是 美国 人。 ——→ _____

❽ 把下面的句子改成带"吗"的疑问句，并用疑问代词对画线部分提问
Change the sentences into question sentences with "吗" and raise questions about the underlined parts using interrogative pronouns

       Tā xìng Wáng.   Tā xìng Wáng ma?
例如：他 姓 王。 ——→ 他 姓 王 吗？
                                     Tā xìng shénme?
                                ——→ 他 姓 什么？

       Tā jiào Màikè.
(1) 他 叫 麦克。 ——→ _____
                          ——→ _____

       Màikè shì Měiguó rén.
(2) 麦克 是 美国 人。 ——→ _____
                          ——→ _____

       Zhēnnī xuéxí Hànyǔ.
(3) 珍妮 学习 汉语。 ——→ _____
                          ——→ _____

❾ 会话练习 Conversational practice

(1) 3～4 人一组，练习自我介绍及介绍他人。
Practice how to introduce yourself and others with your classmates in groups.

(2) 各小组派一位同学向其他小组介绍本组成员。
Each group chooses one person to introduce its members to other groups.

Píngguǒ zěnme mài?
苹果 怎么 卖?
How much are the apples?

第三课 多少 钱（购物）
Duōshao qián
UNIT 3 HOW MUCH IS IT（SHOPPING）

情景 ❶

Scene 1

shòuhuòyuán: Nǐ hǎo! Nǐ mǎi shénme?
售货员：你好！你买什么？
Hello. What can I do for you?

Màikè: Cǎoméi duōshao qián yì jīn?
麦克：草莓 多少 钱一斤？
How much is it for one jin of strawberries?

shòuhuòyuán: Shí kuài.
售货员：十块。
Ten yuan.

Màikè: Shí kuài? Tài guì le! Piányi diǎnr ba.
麦克：十块？太贵了！便宜点儿吧。
Ten yuan? It's too expensive! Can you make it cheaper?

shòuhuòyuán: Jiǔ kuài ba.
售货员：九块吧。
How about nine yuan?

Màikè: Wǒ yào liǎng jīn.
麦克：我要两斤。
I want two jin.

shòuhuòyuán: Hái yào biéde ma?
售货员：还要别的吗？
Do you want something else?

Màikè: Bú yào le.
麦克：不要了。
No. Thanks.

Liǎng kuài wǔ yì jīn.
两块五一斤。
Two and a half yuan one jin.

第三课
多少钱（购物）

Scene 2

shòuhuòyuán: Xiǎojiě, zhè jiàn máoyī hěn piàoliang, nǐ shìshi ba.
售货员：小姐，这件毛衣很漂亮，你试试吧。
Miss, this sweater is very beautiful. Please try it on.

Zhēnnī: Yǒu lán de ma?
珍妮：有蓝的吗？
Do you have a blue one?

shòuhuòyuán: Yǒu.
售货员：有。
Yes.

Zhēnnī: Zhè jiàn tài xiǎo le, yǒu dà diǎnr de ma?
珍妮：这件太小了，有大点儿的吗？
This one is a bit small. Do you have a larger one?

shòuhuòyuán: Qǐng shìshi zhè jiàn.
售货员：请试试这件。
Please try this on.

Zhēnnī: Zěnme mài?
珍妮：怎么卖？
How much?

shòuhuòyuán: Yībǎi bāshí kuài.
售货员：一百八十块。
One hundred and eighty.

Zhēnnī: Néng dǎzhé ma?
珍妮：能打折吗？
Can you give me a discount?

shòuhuòyuán: Nǐ gěi yībǎi sì ba.
售货员：你给一百四吧。
You can take it for one hundred and forty.

汉语一月通
Easy Chinese

Hǎo ba, wǒ yào wǔ gè.
好吧，我要五个。
Okay. I want five.

01 / 生词
New Words

❶	买	mǎi	（动）	to buy
❷	草莓	cǎoméi	（名）	strawberry
❸	多少	duōshao	（代）	how many; how much
	多	duō	（形）	many; a lot of
	少	shǎo	（形）	few; little
❹	钱	qián	（名）	money
❺	一	yī	（数）	one
	二	èr	（数）	two
	三	sān	（数）	three
	四	sì	（数）	four
	五	wǔ	（数）	five
	六	liù	（数）	six
	七	qī	（数）	seven
	八	bā	（数）	eight
	九	jiǔ	（数）	nine
	十	shí	（数）	ten
❻	斤	jīn	（量）	jin, a Chinese unit of weight equal to 500g
❼	块	kuài	（量）	kuai, a basic Chinese money unit
	毛	máo	（量）	mao, a Chinese money unit equal to 10% of one kuai
	分	fēn	（量）	fen, a Chinese money unit equal to 1% of one kuai
❽	太……了	tài……le		too (+adj.)
❾	贵	guì	（形）	expensive
❿	便宜	piányi	（形）	cheap
⓫	（一）点儿	(yì) diǎnr	（数量）	a little
⓬	吧	ba	（助）	used at the end of a sentence,

Yígòng duōshao qián?
一共 多少 钱?
How much altogether?

第三课
多少钱（购物）

				implying soliciting sb.'s advice, suggestion, request or mild command
⑬	要	yào	（动）	to want
⑭	两	liǎng	（数）	two (a word usually used before a classifier)
⑮	还	hái	（副）	also; in addition
⑯	别的	biéde	（代）	other
⑰	了	le	（助）	"不要了":"不＋v.＋了"can be used to indicate the change of original plans or tendencies, i.e. the emergence of a kind of new situation
⑱	小姐	xiǎojiě	（名）	Miss
⑲	件	jiàn	（量）	a classifier for individual matters or things
⑳	毛衣	máoyī	（名）	sweater
㉑	漂亮	piàoliang	（形）	pretty; beautiful
㉒	试	shì	（动）	to try
㉓	有	yǒu	（动）	to have; there be
㉔	蓝	lán	（形）	blue
㉕	的	de	（助）	particle used at the end of a nominal structure to substitute for sb. or sth. already mentioned
㉖	小	xiǎo	（形）	small
㉗	大	dà	（形）	big
㉘	怎么	zěnme	（代）	how
㉙	卖	mài	（动）	to sell
㉚	百	bǎi	（数）	hundred
㉛	能	néng	（能愿动词）	can; be able to
㉜	打折	dǎzhé	（动）	to sell at a discount; to give a discount
㉝	给	gěi	（动）	to give

汉语一月通
Easy Chinese

Yígòng shíbā kuài qī.
一共 十八 块 七。
Altogether eighteen kuai and seven mao.

02 语言点
Language Points

1 Shùzì de rèn dú 数字的认读 Enumeration

1	2	3	4	5	6	7	8	9	10
11	12	13	14	15	16	17	18	19	20
21	22	23	24	25	26	27	28	29	30

⋮

… 100
101 110
111 120

… 1000

yī	èr	sān	sì	wǔ	liù	qī	bā	jiǔ	shí
一	二	三	四	五	六	七	八	九	十
shíyī	shí'èr	shísān	shísì	shíwǔ	shíliù	shíqī	shíbā	shíjiǔ	èrshí
十一	十二	十三	十四	十五	十六	十七	十八	十九	二十
èrshíyī	èrshí'èr	èrshísān	èrshísì	èrshíwǔ	èrshíliù	èrshíqī	èrshíbā	èrshíjiǔ	sānshí
二十一	二十二	二十三	二十四	二十五	二十六	二十七	二十八	二十九	三十

⋮

…   yībǎi
                                 一百
yībǎi língyī   yībǎi yī(shí)
一百 零一   一百 一(十)
yībǎi yīshíyī   yībǎi èr(shí)
一百 一十一   一百 二(十)

⋮

                                 yīqiān
…   一千

2 Qián de rèn dú 钱的认读 Identification of Money

人民币标准的计量单位是"元""角""分",口语常说"块""毛""分"。现在"分"已经很少使用了。

The standard computing units of Renminbi are "yuan", "jiao" and

Zhè shì èrshí kuài.
这是 二十 块。
Here is twenty yuan.

第三课 多少钱（购物）

"fen". In spoken Chinese, "kuai", "mao" and "fen" are usually used, yet "fen" is seldom used nowadays.

8.70   "八块七（毛）",口语中最后的单位可以不说
128   "一百二十八（块）"

In spoken Chinese, the last money unit can be omitted in telling the amount of a sum of money.

如果只有块或毛一个单位,口语中常在最后加上一个"钱"字：
20   二十块（钱）   0.20   两毛（钱）

When only "kuai" and "mao" are used, the word "钱" is often added after the money units in spoken Chinese.

3 Cǎoméi duōshao qián yì jīn?
草莓 多少 钱 一 斤?
How much is it for one jin of strawberries?

"斤"是重量单位,即500克,在这里用作量词。在汉语中,数词不能直接修饰名词,必须和量词结合起来做名词的定语,表示事物的数量,也就是：数＋量＋名。每种事物都有相应的量词,比如"五个苹果""三件毛衣"。指示代词和名词之间一般也需要量词,比如"这件毛衣""那个人"。

"jin", a Chinese unit of weight (1 jin equal to 500g), is used here as a classifier. In modern Chinese, a numeral cannot be used alone before a noun; it should be combined with a classifier inserted between a numeral and a noun: numeral＋classifier＋noun. A specific thing is generally required a specific classifier, e.g. "五个苹果(five apples)" and "三件毛衣(three sweaters)". A classifier is also needed between a demonstrative pronoun and a noun, e.g. "这件毛衣(this sweater)" and "那个人(that person)".

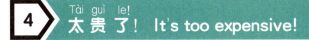

4 Tài guì le!
太贵了! It's too expensive!

"太＋形容词＋了"的结构可表示程度过分,不满意,如"太贵了""太小

了";也可表示程度高,常用于赞叹或欣赏,如"太好了""太漂亮了"。

The structure "太＋adj.＋了" can be used to indicate the excessiveness or highness in degree. The former implies a kind of dissatisfaction such as "太贵了（too expensive）" and "太小了（too small）" while the latter implies a compliment or an exclamation, e. g. "太好了（great）" and "太漂亮了（wonderful）".

5 Piányi (yì) diǎnr ba. 便宜(一)点儿吧。Can you make it cheaper?

"一点儿"是数量词。用在名词前做定语时,表示数量少或不确定,如"我想学(一)点儿汉语"。用在形容词的后面做补语时,表示相对而言,程度稍高或稍低一些,如"有大(一)点儿的吗""便宜(一)点儿吧"。

"点儿" is an abbreviated form of "一点儿", which is used here as a numeral-classifier compound before a noun as an attribute, indicating a small and uncertain amount, e. g. "我想学点儿汉语 (I want to learn a little Chinese)". It can also be used after an adjective as a complement to indicate a comparatively higher or lower degree, e. g. "有大点儿的吗 (Is there a bigger one)", "便宜点儿吧 (Can you make it cheaper)".

6 Wǒ yào liǎng jīn. 我要两斤。I want two jin.

"二"和"两"都是"2"。在基数词、序数词及号码中,"2"读作"二",如12、22。在量词前读作"两",如"两斤草莓""两件毛衣"。

Both "二" and "两" can be used to mean "2". In cardinal and ordinal numbers or number counting, "2" is read "二", e. g. 12 and 22; it is read "两" before a common classifier, e. g. "两斤草莓 (two jin of strawberries)" and "两件毛衣 (two sweaters)".

7 Nǐ shìshi ba. 你试试吧。Please try it on.

"试试"是动词重叠的用法。在汉语口语中,常用动词重叠的形式来表示尝试性动作或动作的时间较短,语气显得轻松、随意。比如,"试试""听听""看看"。

"试试"is a reduplicated form of the verb "试". In spoken Chinese, some verbs can be reduplicated to indicate a tentative act or an act is of a short duration, which can make a sentence sound more casual, e.g. "试试(try it on)", "听听(listen to it)" and "看看(take a look)".

8　有蓝的吗？Do you have a blue one？

"的"字附在名词、代词、形容词、动词等实词或词组后,构成"的"字词组,其作用相当于名词,"蓝的"意为"蓝色的毛衣"。

In Chinese, a noun, a verb, an adjective or a pronoun plus the structural particle "的" can form "的" structure. Grammatically, "的" structure functions as a noun, e.g. "蓝的(blue one)" is equal to "蓝的毛衣(a blue sweater)".

文化点 Cultural Points 03

1　吉祥数字 Lucky Numbers

在中国,数字"6""8"和"9"常被视为吉祥数字,"6"的读音与"禄"相同,有顺利、幸运、高官厚禄的意思;"8"的读音与"发"相近,有发财、发达的意思。很多人的电话或手机喜欢"168",意思是"一路发"。"9"的发音与"久"相同,意味着天长地久,因此许多新人将婚礼选在9号。

In Chinese, the digits of "6", "8" and "9" are often regarded as lucky numbers. With a similar pronunciation to the word "禄", "6" is given the meaning like luck, fortune, high positions and emoluments. As "8" is similar to the pronunciation of the word "发", it often means to make fortune. Under the circumstances of this, many Chinese people would like to include "168" in their telephone numbers, which means "to make money all the way". As a result, many couples prefer choosing to host their weddings on the date of 9 as "9" is a homophone of the word "久(eternity)".

汉语一月通
Easy Chinese

Zuì dī bā zhé, yībǎi liù.
最低八折，一百六。
The lowest discount I can offer is 20%. That's one hundred and sixty.

2 忌讳数字 Taboo Numbers

中国也有较为忌讳的数字："4"。它与汉字"死"同音，人们认为不吉利，很多人选择车牌号或者电话号码时，都不愿意选择"4"。

There are also some taboo numbers in Chinese. As 4 is similar in pronunciation to the word "死 (death)", most people would try to avoid 4 when they come to choose their telephone numbers or car plates.

3 购物 Shopping

近年来，网上购物在居民日常生活中占据的比例越来越高，超市、商店也纷纷推出线上下单、送货到家的服务，餐饮业的外卖服务更是风靡。通过互联网，居民足不出户就可以购买、接收各类生活物资。

In recent years, online shopping has played an important role in peoples' daily life. Many supermarkets and stores have offered online ordering and home delivery services, and take-out services in the catering industries are becoming even more popular. People can purchase and obtain all kinds of daily necessities at home through the internet.

04 练习

Exercises

❶ 辨音辨调 Distinguish pronunciations and tones

gǎnmào	fāshāo	dǎzhēn	chīyào	zhēnjiǔ
jīdàn	mǐfàn	miàntiáo	jiǎozi	hànbǎo
bāoguǒ	yóupiào	kuàijiàn	hángkōng	yóujú
piàoliang	měilì	hǎokàn	yōuyǎ	shuàiqi
lǎoshī	xuéshēng	yīyuàn	dàifu	yínháng

Nín shuākǎ háishi fù xiànjīn?
您 刷卡 还是 付 现金?
Will that be charge or cash?

▶ 第三课
多少钱（购物）

❷ **读下列钱数(元＝块)** Read out the following amount

30.50元　　5.60元　　120元　　102元　　150元
78.90元　　214.30元　　603.70元　　998.80元　　47元

❸ **替换练习** Substitutions

(1) A: 你 买 什么?
　　　Nǐ mǎi shénme?

　　B: 我 买 苹果。
　　　Wǒ mǎi píngguǒ.

　　yào　　　　　　　niúnǎi
　　要(to want)　　牛奶(milk);

　　chī　　　　　　　miànbāo
　　吃(to eat)　　　面包(bread);

　　hē　　　　　　　kāfēi
　　喝(to drink)　　咖啡(coffee);

　　xuéxí　　　　　　Hànyǔ
　　学习(to learn)　汉语(Chinese)

(2) 苹果 多少 钱 一 斤?
　　Píngguǒ duōshao qián yì jīn?

　　xiāngjiāo　　　　　　pútao
　　香蕉(banana);　　　葡萄(grape);

　　lìzhī　　　　　　　　xīguā
　　荔枝(lichee);　　　西瓜(watermelon);

　　lí　　　　　　　　　bōluó
　　梨(pear);　　　　　菠萝(pineapple);

　　huángguā　　　　　　tǔdòu
　　黄瓜(cucumber);　　土豆(potato);

　　mógu　　　　　　　　xīhóngshì
　　蘑菇(mushroom);　　西红柿(tomato)

(3) A: 毛衣 怎么 卖?
　　　Máoyī zěnme mài?

　　B: 一百 二十 块　 一 件。
　　　Yībǎi èrshí kuài yí jiàn.

　　píxié　　　　　　　　　　　　　yì shuāng
　　皮鞋(leather shoes)　268 块　一 双(a pair of);

　　niúzǎikù　　　　　　　　　　　yì tiáo
　　牛仔裤(jeans)　　　　199 块　一 条(classifier for long
　　　　　　　　　　　　　　　　　　　and flexible things);

　　zìxíngchē　　　　　　　　　　　yí liàng
　　自行车(bicycle)　　　360 块　一 辆(classifier for
　　　　　　　　　　　　　　　　　　　vehicles);

汉语一月通
Easy Chinese

Zài nǎr sǎo mǎ?
在 哪儿 扫 码?
Where can I scan the code?

    kělè   kuài yì píng
    可乐(cola)   2.5块 一瓶(a bottle of)

   Tài guì le!
(4) 太 ___贵___ 了!

    hǎo   tián
    好;   甜(sweet);

    hǎochī   piàoliang
    好吃(delicious);   漂亮;

    lèi   máng
    累(tired);   忙(busy);

    xián   là
    咸(salty);   辣(spicy)

   Yǒu dà diǎnr de ma?
(5) 有___大___点儿的 吗?

    piányi   xiǎo
    便宜;   小;

    cháng   duǎn
    长(long);   短(short)

   Nǐ shìshi ba.
(6) 你 ___试试___ 吧。

    kànkan   tīngting
    看看(take a look);   听听(listen to);

    chángchang   xiǎngxiang
    尝尝(taste);   想想(think about)

❹ 完成对话 Complete the dialogues

    Nǐ mǎi shénme?
(1) A:你 买 什么?

   B:_____。_____?

    Sì kuài yì jīn. Nǐ yào duōshao?
   A:四 块 一 斤。你 要 多少?

   B:_____。

    Hái yào biéde ma?
   A:还 要 别的 吗?

   B:_____?

    Yí kuài wǔ.
   A:一 块 五。

   B:_____。

> Zhīfùbǎo sǎo zhèlǐ, wēixìn sǎo nàlǐ.
> 支付宝 扫 这里，微信 扫 那里。
> Alipay swipes here, WeChat swipes there.

▶ 第三课
多少钱（购物）

(2) A: Zhè jiàn máoyī duōshao qián?
　　　这 件 毛衣 多少 钱？

　　B: _____。

　　A: Tài guì le!
　　　太 贵 了！_____。

　　B: _____。

　　A: Wǒ shìshi ba.
　　　我 试试 吧。

　　……

　　A: Zhè jiàn tài ___ le, yǒu
　　　这 件 太 ___ 了，有 _____？

　　B: Duìbuqǐ, méiyǒu. Zhè jiàn zuì dà.
　　　对不起，没有。这 件 最 大。(Sorry, this is the biggest one.)

❺ 会话练习　Conversational practice

与同学练习购物。

Work in pairs to perform how to do shopping.

汉语一月通
Easy Chinese

Jīntiān xīngqī jǐ?
今天 星期 几?
What day is it today?

第四课　今天几号（时间）
Jīntiān jǐ hào

Unit 4　WHAT'S THE DATE TODAY（TIME）

情景 1

Scene 1

Wáng lǎoshī: Jīntiān jǐ hào?
王老师：今天 几 号？
What's the date today?

Màikè: Èrshíyī hào.
麦克：二十一 号。
Twenty first.

Wáng lǎoshī: Nǐmen jǐ hào qù Shànghǎi?
王老师：你们 几 号 去 上海？
What day do you go to Shanghai?

Màikè: Èrshíbā hào.
麦克：二十八 号。
Twenty eighth.

Wáng lǎoshī: Èrshíbā hào shì xīngqī jǐ?
王老师：二十八 号 是 星期 几？
What day is twenty eighth?

Màikè: Xīngqīwǔ.
麦克：星期五。
Friday.

Wáng lǎoshī: Nǐmen qù duō cháng shíjiān?
王老师：你们 去 多 长 时间？
How long will you be there?

Màikè: Yí gè xīngqī. Wǒmen shí yuè wǔ hào huílái.
麦克：一个 星期。我们 十月 五号 回来。
One week. We'll come back on Oct. 5.

Nǐ zhège xīngqīsān xiàwǔ yǒu kè ma?
你 这个 星期三 下午 有 课 吗？
Do you have classes this Wednesday afternoon?

第四课
今天几号（时间）

Scene 2

Sòng Jiāmíng: Màikè, tīngshuō nǐ yǒu fèn gōngzuò.
宋家明：麦克，听说你有份工作。
Mike, I heard you've found a job.

Màikè: Wǒ zài yì jiā gōngsī dǎgōng.
麦克：我在一家公司打工。
I work for a company.

Sòng Jiāmíng: Měitiān jǐ diǎn shàngbān?
宋家明：每天几点上班？
What time do you go to work every day?

Màikè: Xiàwǔ liǎng diǎn. Xiànzài jǐ diǎn?
麦克：下午两点。现在几点？
2:00 p.m. What time is it now?

Sòng Jiāmíng: Yī diǎn sān kè.
宋家明：一点三刻。
One forty-five.

Màikè: Zāogāo! Wǒ yào chídào le!
麦克：糟糕！我要迟到了！
Oh no! I'm going to be late!

Sòng Jiāmíng: Nǐ zài nǎr shàngbān?
宋家明：你在哪儿上班？
Where do you work?

Màikè: Xīnjiēkǒu.
麦克：新街口。
Xinjiekou.

Sòng Jiāmíng: Bié zháojí, dǎdī shí fēnzhōng jiù dào le.
宋家明：别着急，打的十分钟就到了。
Don't worry! It only takes 10 minutes to get there by taxi.

汉语一月通
Easy Chinese

Méiyǒu.
没有。
No.

01 / 生词
New Words

❶	今天	jīntiān	（名）	today
❷	几	jǐ	（代）	how many/much; a couple of
❸	号	hào	（名）	date
❹	你们	nǐmen	（代）	you(plural)
❺	去	qù	（动）	to go
❻	星期	xīngqī	（名）	week
	星期一	xīngqīyī	（名）	Monday
	星期二	xīngqīèr	（名）	Tuesday
	星期三	xīngqīsān	（名）	Wednesday
	星期四	xīngqīsì	（名）	Thursday
	星期五	xīngqīwǔ	（名）	Friday
	星期六	xīngqīliù	（名）	Saturday
	星期天	xīngqītiān	（名）	Sunday
❼	多	duō	（代）	how
❽	长	cháng	（形）	long
❾	时间	shíjiān	（名）	time
❿	个	gè	（量）	a classifier basically used before the nouns without a special classifier of their own
⓫	我们	wǒmen	（代）	we; us
⓬	月	yuè	（名）	month
⓭	回来	huílái	（动）	to come back
⓮	听说	tīngshuō	（动）	to hear
⓯	份	fèn	（量）	a classifier used for jobs, documents, etc.
⓰	工作	gōngzuò	（名）	job; work
⓱	家	jiā	（量）	a classifier used for companies, factories, etc.
⓲	公司	gōngsī	（名）	company

Nǐ bàba měitiān jǐ diǎn shàngbān?
你 爸爸 每天 几 点 上班?
What time does your daddy go to work?

第四课
今天几号（时间）

⑲	打工	dǎgōng	（动）	to do odd job
⑳	每	měi	（代）	every; each
㉑	天	tiān	（名）	day
㉒	点	diǎn	（量）	o'clock
㉓	上班	shàngbān	（动）	to go to work
㉔	下午	xiàwǔ	（名）	afternoon
㉕	现在	xiànzài	（名）	now
㉖	刻	kè	（量）	a quarter
㉗	糟糕	zāogāo	（形）	bad; awful
㉘	要……了	yào……le		be going to; be about to
㉙	迟到	chídào	（动）	late
㉚	哪儿	nǎr	（代）	where
㉛	别	bié	（副）	don't
㉜	着急	zháojí	（形）	to worry
㉝	打的	dǎdī	（动）	by taxi
㉞	分钟	fēnzhōng	（量）	minute
㉟	就	jiù	（副）	just
㊱	到	dào	（动）	to get to
㊲	了	le	（助）	indicating a certain situation under certain conditions

专名 02
Proper Nouns

① 上海　　　　Shànghǎi　　　　Shanghai
② 新街口　　　Xīnjiēkǒu　　　　Xinjiekou

汉语一月通
Easy Chinese

Jiǔ diǎn.
9 点。
Nine.

03 语言点
Language Points

1 Jīntiān jǐ hào? 今天几号？ What's the date today?

汉语中表示时间、日期、价格、年龄的肯定句或疑问句一般不需要"是"，而由名词、名词词组、数量词、时间词等做句子的谓语，这就是名词谓语句，语序是：主语(S.)＋谓语(N.)，如"今天几号？""今天九月二十一号""现在几点？"等。名词谓语句的否定句一定要在名词性部分前加上"不是"，如"今天不是九月二十一号"。

In Chinese, the affirmative or interrogative sentences indicating time, date, price and age are generally formed by using nouns, noun phrases, numeral classifier compound and words denoting time, etc. as predicates of sentences without using "是", these kinds of sentences are called noun predicative. The word order is S.＋N. P., such as "今天几号？(What's the date today?)""今天九月二十一号(Today is Sept. 21)" and "现在几点？(What time is it now?)". The negative form of a noun predicative is formed by adding "不是" before the noun of the predicative as "今天不是九月二十一号(Today is not Sept. 21)".

2 Nǐmen jǐ hào qù Shànghǎi? 你们几号去上海？ What day do you go to Shanghai?

在这个句子中，"几号"是时间状语，表示动作发生的时间。时间状语一般放在主语的后面、动词的前面，也可以放在主语的前面。例如："我们十月五号回来""你每天几点上班？""星期一我去上海""我星期一去上海"。

In this sentence, "几号" is an adverbial of time indicating the time an act takes place. An adverbial of time usually can be placed behind a subject and before a verb, or before a subject such as "我们十月五号回来(We'll be back on October 5)","你每天几点上班？(When do you go to work every day?)", "星期一我去上海(On Monday, I'll go to Shanghai)","我星期一去上海(I'll go to Shanghai on Monday)".

Zhōumò kuàilè!
周末 快乐!
Have a nice weekend!

第四课
今天几号(时间)

3 Tīngshuō nǐ yǒu fèn gōngzuò. 听说 你 有 份 工作。 I heard you've found a job.

"份"是"工作"的量词,量词前面的数词如果是"一",常常可以省略,因此这句话完整的形式是:"听说你有一份工作。"

Here "份" is a classifier used for the word of job. And the numeral before the classifier can be omitted if the numeral word is "一", hence the complete form of this sentence is "听说你有一份工作(I heard you've found a job)".

4 Zāogāo! 糟糕! Oh no!

口语中常用"糟糕"表示事情或情况坏得很。

In spoken Chinese, "糟糕" is often used to indicate things or a situation is very bad.

5 Wǒ yào chídào le! 我 要 迟到 了! I'm going to be late!

"要……了"表示动作即将发生,比如:"他要回来了。"

"要……了" here indicates an act is going to or is about to take place, e.g. "他要回来了(He's going to come back)".

文化点 04 Cultural Points

时间排列的顺序 Sequence of Time Expression

在汉语中,时间是按照由大到小的顺序排列的:年、月、日、点、分。如:"2007. 1. 18. 2:10 p.m.",读的时候逐个读出数字,同时加上相应的单位:"二

汉语一月通
Easy Chinese

Nǐ zhōumò chángcháng zuò shénme?
你 周末 常常 做 什么?
What do you usually do on weekends?

○○七年一月十八日下午两点十分"。

(1) "年"的读法
分别读出数字,再加"年"。例如:2017年"二〇一七年"。

(2) "月"的名称:

| 一月 | 二月 | 三月 | 四月 | 五月 | 六月 |
| 七月 | 八月 | 九月 | 十月 | 十一月 | 十二月 |

(3) "日"的读法
数词1~31的后面加"日"或"号"。"日"用于书面语,"号"用于口语。

(4) 时刻的表达
问时刻要说:"现在几点?"时刻的单位是点(钟)、刻、分等。

8:00	八点(钟)
8:05	八点零五(分)
8:15	八点一刻/八点十五(分)
8:30	八点半/八点三十(分)
8:45	八点三刻/八点四十五(分)/九点差一刻
8:55	八点五十五(分)/九点差五分

In Chinese, the sequence of time expression is arranged in the order from the biggest unit to the smallest one, i. e. year, month, day, hour, minute, e. g. "2007. 1. 18. 2:10 p. m. ", which should be read as "二〇〇七年一月十八日下午两点十分".

(1) How to say "年"

First read out the figures then plus the word "年" as "2017 年" should be "二〇一七年".

(2) Twelve months

| 一月 | 二月 | 三月 | 四月 | 五月 | 六月 |
| 七月 | 八月 | 九月 | 十月 | 十一月 | 十二月 |

(3) How to say "日"

Dates can be expressed by adding "日" or "号" at the end of numerals (1~31). "日" is usually used in written Chinese while "号" in spoken Chinese.

(4) How to say time

"现在几点?" is often used to ask about time. The units used for time are 点(钟)(o'clock),刻(quarter),分(minute), etc.

8:00   八点(钟)

> Xiūxi xiūxi, qù chāoshì mǎimai dōngxi, huòzhě qù gōngyuán wán.
> 休息休息，去超市 买买 东西，或者去 公园 玩。
> Take a rest and go shopping at a supermarket or go to a park.

第四课
今天几号（时间）

8:05	八点零五（分）
8:15	八点一刻/八点十五（分）
8:30	八点半/八点三十（分）
8:45	八点三刻/八点四十五（分）/九点差一刻
8:55	八点五十五（分）/九点差五分

练习 05
Exercises

❶ 替换练习　Substitutions

(1) A：Jīntiān jǐ yuè jǐ hào?
　　今天 几月几号？

　　B：Jīntiān jiǔ yuè èrshíyī hào.
　　今天 九月二十一号。

míngtiān 明天(tomorrow)	3 yuè 5 hào 3月5号；
hòutiān 后天(the day after tomorrow)	7 yuè 16 hào 7月16号；
zuótiān 昨天(yesterday)	4 yuè 27 hào 4月27号；
qiántiān 前天(the day before yesterday)	12 yuè 19 hào 12月19号

(2) A：Èrshíbā hào shì xīngqī jǐ?
　　二十八号 是 星期几？

　　B：Èrshíbā hào shì xīngqīwǔ.
　　二十八号 是 星期五。

17 hào 17号	xīngqīliù 星期六；
30 hào 30号	xīngqīwǔ 星期五；
6 hào 6号	xīngqī'èr 星期二；
25 hào 25号	xīngqītiān 星期天

汉语一月通
Easy Chinese

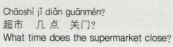

Chāoshì jǐ diǎn guānmén?
超市 几 点 关门?
What time does the supermarket close?

(3) A: Nǐmen jǐ hào qù Shànghǎi?
　　你们 几 号 去 <u>上海</u>?
　　B: Wǒmen èrshíbā hào qù Shànghǎi.
　　我们 <u>二十八</u> 号 去 <u>上海</u>。

　　Xī'ān
　　西安(Xi'an)　　　　　　　　　31;

　　Hángzhōu
　　杭州(Hangzhou)　　　　　　　19;

　　Sūzhōu
　　苏州(Suzhou)　　　　　　　　7;

　　Guìlín
　　桂林(Guilin)　　　　　　　　25

(4) A: Nǐ měitiān jǐ diǎn shàngbān?
　　你 每天 几 点 <u>上班</u>?
　　B: Xiàwǔ liǎng diǎn.
　　<u>下午 两 点</u>。

　　nǐ bàba　　　　　　xiàbān　　　　　　　wǎnshang qī diǎn
　　你 爸爸(your father)　下班(finish work)　晚上 七点(7 p.m.);

　　tā　　　　　　　　shàngkè　　　　　　zǎoshang bā diǎn
　　他(he)　　　　　　上课(go to class)　　早上 八点(8 a.m.);

　　nǐ péngyou　　　　xiàkè　　　　　　　xiàwǔ sì diǎn bàn
　　你 朋友(your friend)　下课(finish class)　下午 四 点 半(4:30 p.m.);

　　tā　　　　　　　　chī wǔfàn　　　　　zhōngwǔ shí'èr diǎn
　　她(she)　　　　　　吃 午饭(have lunch)　中午 十二 点(12 noon)

(5) A: Nǐmen qù duō cháng shíjiān?
　　你们 去 多 长 时间?
　　B: Yí gè xīngqī.
　　<u>一 个 星期</u>。

　　bàn nián
　　半 年(half a year);

　　sān gè yuè
　　三 个 月(3 months);

　　liù tiān
　　六 天(6 days);

　　yí gè bàn yuè
　　一 个 半 月(one and a half months);

　　liǎng gè bàn xiǎoshí
　　两 个 半 小时(two and a half hours)

❷ 读出下列时刻　Read out the following time

12:08　　7:15　　21:30　　15:45　　5:55

Wǎnshang shí diǎn.
晚上 十点。
10 p.m.

第四课
今天几号（时间）

❸ 组句　Sentences formation

(1) èrshíjiǔ hào qù Shànghǎi wǒmen liùyuè
　　二十九　号　去　上海　我们　六月

_____

(2) shíjiān cháng tāmen xué duō le
　　时间　长　他们　学　多　了

_____

(3) huílái bàba wǔ diǎn wǒ xiàwǔ
　　回来　爸爸　五　点　我　下午

_____

(4) péngyou nǐ shàngbān nǎr zài
　　朋友　你　上班　哪儿　在

_____

(5) měitiān Màikè shàngkè bā diǎn bàn zǎoshang
　　每天　麦克　上课　八点半　早上

_____

❹ 根据画线部分提问　Ask questions about the underlined parts

例如：Jīntiān èrshí hào.
　　　今天　二十 号。

　　　Jīntiān jǐ hào?
　　　今天 几 号？

(1) Wǒ mèimei zài Běijīng Dàxué xuéxí Hànyǔ.
　　我 妹妹 在 北京 大学 学习 汉语。

_____

(2) Wáng lǎoshī shíyī yuè qī hào qù Guǎngzhōu.
　　王 老师 十一 月 七 号 去 广州。

_____

(3) Màikè zài Dōngnán Dàxué xuéxí Hànyǔ.
　　麦克 在 东南 大学 学习 汉语。

_____

汉语一月通
Easy Chinese

Yínháng xīngqītiān kāimén ma?
银行 星期天 开门 吗?
Does the bank open on Sundays?

　　　　　Tā jiào　Sòng Jiāmíng.
(4) 他 叫　宋 家明　。

　　　　　Zhēnnī shì　Yīngguó rén.
(5) 珍妮 是　英国 人　。

　　　　　Píngguǒ　sān kuài qián　yì jīn.
(6) 苹果　三 块 钱　一斤。

　　　　　Bàba měitiān　bā diǎn　shàngbān.
(7) 爸爸 每天　八 点　上班。

　　　　　Shí'èr yuè liù hào shì xīngqīsān.
(8) 十二 月 六 号 是 星期三。

5 回答问题　Answer the following questions

　　　Jīntiān jǐ yuè jǐ hào?
(1) 今天 几 月 几 号?

　　　Jīntiān xīngqī jǐ?
(2) 今天 星期 几?

　　　Nǐ měitiān jǐ diǎn shàngkè?
(3) 你 每天 几 点 上课?

　　　Nǐ xuéxí shénme?
(4) 你 学习 什么?

　　　Nǐ zài nǎr xuéxí?
(5) 你 在 哪儿学习?

　　　Nǐ xiǎng xuéxí duō cháng shíjiān?
(6) 你 想 学习 多 长 时间?

　　　Nǐ de shēngrì shì jǐ yuè jǐ hào?
(7) 你 的 生日 是 几 月 几 号?

　　　Nǐ de péngyou jiào shénme míngzi?
(8) 你 的 朋友 叫 什么 名字?

❻ 会话练习　Conversational practice

(1) 谈日期：生日、计划等。

　　Talk about dates：birthdays or plans，etc.

(2) 谈时间：每天几点做什么。

　　Talk about time：your daily routine.

补充词语 Supplementary words：

shēngrì
生日（birthday）

qǐchuáng
起床（get up）

chī zǎofàn/wǔfàn/wǎnfàn
吃早饭、午饭、晚饭（have breakfast/lunch/supper）

shàngkè
上课（go to class）

xiūxi
休息（take a rest）

xǐzǎo
洗澡（take a shower）

yùndòng
运动（athletic sports）

zuò liànxí
做 练习（do exercises）

kàn diànshì
看 电视（watch TV）

shuìjiào
睡觉（go to bed）

汉语一月通 Easy Chinese

Nǐ jiā lí gōngsī yuǎn ma?
你家离公司远吗?
Is your home far from the office?

第五课 去中国银行怎么走（问路）
Qù Zhōngguó Yínháng zěnme zǒu

Unit 5 HOW TO GO TO BANK OF CHINA (ASKING THE WAY)

情景 1

Scene 1

珍妮：请问，去中国银行怎么走？
Zhēnnī: Qǐngwèn, qù Zhōngguó Yínháng zěnme zǒu?
Excuse me, how to go to Bank of China?

路人：一直往东走，到第二个路口往右拐，再往前走二十米就到了。
lùrén: Yìzhí wǎng dōng zǒu, dào dì-èr gè lùkǒu wǎng yòu guǎi, zài wǎng qián zǒu èrshí mǐ jiù dào le.
Go straight eastward, turn to the right at the 2nd crossing, then walk 20 meters ahead.

珍妮：这儿离中国银行远吗？
Zhēnnī: Zhèr lí Zhōngguó Yínháng yuǎn ma?
Is it far to Bank of China from here?

路人：不太远，走路去的话，只要十分钟。
lùrén: Bú tài yuǎn, zǒulù qù de huà, zhǐ yào shí fēnzhōng.
Not too far, it only takes 10 minutes if go by walk.

珍妮：谢谢！
Zhēnnī: Xièxie!
Thanks!

Hěn yuǎn.
很 远。
Very far.

第五课
去中国银行怎么走（问路）

lùrén：Bú kèqi.
路人：不 客气。
You're welcome.

情景 2

Scene 2

Zhēnnī：Sòng Jiāmíng, Fūzǐmiào zài nǎr?
珍妮：宋 家明，夫子庙在哪儿？
Song Jiaming, where's the Confucius Temple?

Sòng Jiāmíng：Zài Xīnjiēkǒu de nánbian.
宋 家明：在新街口的南边。
It's at the southern side of Xinjiekou.

Zhēnnī：Zuò gōnggòng qìchē qù fāngbiàn ma?
珍妮：坐 公共 汽车去方便 吗？
Is it convenient to go there by bus?

Sòng Jiāmíng：Nǐ kěyǐ zuò 31 lù chē, zhōngdiǎn zhàn shì Fūzǐmiào.
宋 家明：你可以坐31路车，终点 站 是夫子庙。
You can take bus No. 31, the terminus of which is just the Confucius Temple.

Zhēnnī：Zuò gōngjiāo chē qù yào duō cháng shíjiān?
珍妮：坐 公交 车去要多 长 时间？
How long does it take if go by bus?

Sòng Jiāmíng：Bàn gè duō xiǎoshí.
宋 家明：半 个多小时。
More than half an hour.

汉语一月通
Easy Chinese

Nǐ měitiān kāi chē shàngbān ma?
你 每天 开车 上班 吗?
Do you drive to work every day?

01 生词
New Words

❶ 银行	yínháng	(名)	bank
❷ 走	zǒu	(动)	to go; to walk
❸ 一直	yìzhí	(副)	straight
❹ 往	wǎng	(介)	to; towards
❺ 东	dōng	(名)	east
❻ 第	dì	(头)	a prefix used prior to round numbers for sequence
❼ 路口	lùkǒu	(名)	crossroad
❽ 右	yòu	(名)	right
❾ 拐	guǎi	(动)	to turn
❿ 再	zài	(副)	then
⓫ 前	qián	(名)	ahead; front
⓬ 米	mǐ	(量)	meter
⓭ 这儿	zhèr	(代)	here
⓮ 离	lí	(动)	from (can be used for space distance)
⓯ 远	yuǎn	(形)	far
⓰ 走路	zǒulù	(动)	go on foot
⓱ ……的话	……de huà		used at the end of a conditional clause
⓲ 只	zhǐ	(副)	only
⓳ 要	yào	(动)	need
⓴ 谢谢	xièxie	(动)	thanks
㉑ 不客气	bú kèqi		you're welcome
㉒ 南边	nánbian	(名)	southern side
㉓ 坐	zuò	(动)	to take; travel by
㉔ 公共汽车	gōnggòng qìchē		bus
㉕ 方便	fāngbiàn	(形)	convenient
㉖ 可以	kěyǐ	(能愿动词)	may

㉗	31路(车)	31 lù(chē)		No. 31 bus
㉘	终点站	zhōngdiǎn zhàn		terminal；terminus
㉙	公交车	gōngjiāo chē		bus
㉚	半	bàn	（数）	half
㉛	多	duō	（数）	more
㉜	小时	xiǎoshí	（名）	hour

专名 Proper Nouns 02

❶	中国	Zhōngguó	China
❷	夫子庙	Fūzǐmiào	the Confucius Temple
❸	南京	Nánjīng	Nanjing

语言点 Language Points 03

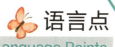

1 Qù Zhōngguó Yínháng zěn me zǒu? Fūzǐmiào zài nǎr?
去 中国 银行 怎么 走？夫子庙 在 哪儿？
How to go to Bank of China?
Where's the Confucius Temple?

问路时常用这两种句式："去……怎么走？""……在哪儿？"

Sentence patterns such as "去……怎么走？"and"……在哪儿？"are often used to ask about ways.

2 Yìzhí wǎng dōng zǒu.
一直 往 东 走。Go straight eastward.

汉语中常用的方位词有"东、南、西、北""前、后、左、右"。指路时，有人习惯用"东南西北"，如"往东走""往北走"；有人习惯用"前后左右"，如"往前走"

汉语一月通
Easy Chinese

Nǐ měitiān zěnme qù xuéxiào?
你 每天 怎么 去 学校?
How do you go to school every day?

"往左拐"。

In Chinese, nouns of locality such as "东(east)、南(south)、西(west)、北(north)" and "前(front)、后(back)、左(left)、右(right)" are often used to discuss space and directions, e. g. "往东走(go east)", "往北走(go north)", "往前走(go ahead)" and "往左拐(turn left)".

3
Zhèr lí Zhōngguó Yínháng yuǎn ma?
这儿离 中国 银行 远 吗?
Is it far to Bank of China from here?

当询问或谈及两个地方的远近时,以"A 离 B"的形式出现,即一个地方放在"离"的前面,另一个地方放在"离"的后面。如:"美国离中国远吗?""美国离中国很远。"有时"A"可以省略,如:"离这儿远吗?"如果想问两地的具体距离,可在后面再加上"有多远":"A 离 B 有多远?""美国离中国有多远?"

The structure of "A 离 B" can be used to ask or talk about the distance between two places by putting one place before the word "离" and another place behind "离" as "美国离中国远吗? (Is America far from China?)" "美国离中国很远(America is very far from China)". And part A in the structure sometimes can be omitted as "离这儿远吗?" and "有多远?" can be added at the end if the specific distance between the two places is involved, e. g. "美国离中国有多远? (How far is America from China?)".

4
Zǒulù qù de huà, zhǐ yào shí fēnzhōng.
走路 去 的话,只要 十 分钟。
It only takes 10 minutes if go by walk.

"……的话"表示假设,完整的形式是"如果/要是……的话",如:"如果走路去的话,只要十分钟。"有时候可以只用一部分,即:"如果走路去,只要十分钟。"或者"走路去的话,只要十分钟。"

"……的话"can be used to indicate a hypothesis and its complete form is "如果/要是……的话"as "如果走路去的话,只要十分钟 (It only takes 10 minutes if go by walk)". Sometimes, the same meaning can be conveyed by only using one part, i. e. "如果走路去,只要十分钟"or "走路去的话,只要十分钟".

Qí chē.
骑车。
Ride a bike.

第五课
去中国银行怎么走（问路）

Zài Xīnjiēkǒu de nánbian.
在 新街口 的 南边。
It's at the southern side of Xinjiekou.

"在＋地点＋方位词"表示方位，比如："银行在学校东边。"

"在＋地点＋方位词（在＋place＋localizer）" can be used to indicate directions, e.g. "银行在学校东边 (The bank is at the eastern side of the school)".

Zuò gōngjiāo chē qù yào duō cháng shíjiān?
坐 公交 车去要多 长 时间？
How long does it take if go by bus?

"公交车"和"公共汽车"的意思是一样的。

"公交车" has the same meaning with "公共汽车".

7 Bàn gè duō xiǎoshí. 半个多小时。 More than half an hour.

"多"用在数量词后，表示有零头，超出了前面的数字。如果数字在"1～10"之间，"多"要放在量词的后面，如"五斤多苹果""两块多（钱）"。如果数字在"10"以上，"多"要放在量词的前面，如"二十多个学生""三百多本书"。

The word "多" can be placed at the end of numeral classifiers indicating odds or fractional amounts. And "多" should be placed behind a numeral classifier if the digit is between 1 to 10 as "五斤多苹果（more than 5 jin of apples）","两块多（钱）(more than 2 kuai)", while "多" should be put before a classifier if the number is above 10 as "二十多个学生（more than 20 students）" and "三百多本书（over 300 books）".

汉语一月通
Easy Chinese

Zěnme qù Xīnjiēkǒu fāngbiàn?
怎么 去 新街口 方便?
How can I get to Xinjiekou?

04 文化点 Cultural Points

1 请求帮助的礼貌语 Courtesies Used for Asking for Help

请求帮助或请教问题时,可以用"劳驾"或"对不起"开头,显得非常礼貌。"请问"只限于询问。

"劳驾" or "对不起" can be used to ask for help or to ask questions for the sake of courtesy and "请问" is generally limited to enquiries.

2 市内交通工具 City Transport

中国大城市中的交通工具主要有地铁、公交车、出租车、自行车(包括电动自行车)、私家车,近几年又出现了共享单车,居民出行更加方便。

The main means of transportation in China's major cities are subways, buses, taxis, bicycles (including electric bicycles) and private cars. In recent years, shared bicycles have emerged, making it more convenient for residents to get around.

05 练习 Exercises

❶ 替换练习 Substitutions

Qǐngwèn, qù Zhōngguó Yínháng zěnme zǒu?
(1) 请问, 去 中国 银行 怎么 走?

túshūguǎn
图书馆(library);

shítáng
食堂(cafeteria);

huǒchē zhàn
火车 站(railway station);

dìtiě zhàn
地铁 站(Subway station)

Zuò dìtiě ba.
坐 地铁 吧。
Take the subway.

第五课
去中国银行怎么走（问路）

    Yìzhí wǎng dōng zǒu.
(2) 一直 往 东 走。
  xī   nán   běi   qián
  西(west)； 南(south)； 北(north)； 前(ahead)

  Zhèr lí Zhōngguó Yínháng yuǎn ma?
(3) 这儿 离 中国 银行 远 吗?
  nǐ jiā   xuéxiào
  你 家(your home) 学校(school)；
  jiàoshì   sùshè
  教室(classroom) 宿舍(dormitory)；
  yīyuàn   dìtiě zhàn
  医院(hospital)   地铁 站(subway station)；
  gōngsī   shì zhōngxīn
  公司(company)   市 中心(downtown)

   Zǒulù qù de huà, zhǐ yào shí fēnzhōng.
(4) 走路去 的话，只要十 分钟。
  piányi yìdiǎnr   wǒ jiù mǎi
  便宜 一点儿   我 就 买；
  bú tài yuǎn   wǒ jiù zǒuzhe qù
  不 太 远   我 就 走着 去(on foot)；
  nǐ qù   wǒ yě qù
  你 去   我 也 去；
  shíjiān tài cháng   tā bú huì děng nǐ
  时间 太 长(long)   他 不会 等 你(won't await)

  Fūzǐmiào zài nǎr?
(5) 夫子庙 在 哪儿?
  xǐshǒujiān
  洗手间(restroom)；
  diàntī
  电梯(elevator)；
  Wáng lǎoshī de bàngōngshì
  王 老师 的 办公室(office)；
  yóujú
  邮局(post office)

  Zuò gōngjiāo chē qù yào duō cháng shíjiān?
(6) 坐 公交 车 去要 多 长 时间?
  zǒulù
  走路(by walk)；
  qí chē
  骑 车(by bicycle)；
  dǎdī
  打的(by taxi)；

汉语一月通 Easy Chinese

Qǐngwèn, dìtiě zhàn zài nǎr?
请问，地铁站在哪儿？
Excuse me, where is the subway station?

zuò fēijī
坐飞机 (by plane)

❷ **选词填空** Fill out the blanks with words given

lí　　wǎng　　zài　　dào　　qù　　huílái
离　　往　　　在　　到　　去　　回来

　　Nǐ zuò gōnggòng qìchē　　　　Fūzǐmiào ma?
(1) 你坐公共汽车＿＿＿＿夫子庙吗？

　　Wǒ de gōngsī　　　　　Xīnjiēkǒu.
(2) 我的公司＿＿＿＿新街口。

　　Wǒmen shíbā hào
(3) 我们十八号＿＿＿＿。

　　Běijīng　　　　　Guǎngzhōu hěn yuǎn.
(4) 北京＿＿＿＿广州很远。

　　　　　　dōng zǒu wǔshí mǐ jiù shì Zhōngguó Yínháng.
(5) ＿＿＿＿东走五十米就是中国银行。

　　Dǎdī de huà, èrshí fēnzhōng néng　　　　Dōngnán Dàxué.
(6) 打的的话，二十分钟能＿＿＿＿东南大学。

❸ **与同学练习方位词，说出坐在你前、后、左、右的同学名字**
Practice how to use localizers with classmates, saying the names of the classmates sitting around you

　　　　Zuò zài nǐ qiánbian de shì shuí?
例如：A：坐在你 前边 的是谁？

　　　　Zuò zài wǒ qiánbian de shì Màikè.
　　　B：坐在我 前边 的是 麦克 。

❹ **看图问答** Q&A according to the pictures given

例如：

| jiā | | xuéxiào |
| 家 | 10 fēnzhōng / 10 分钟 | 学校 |

Nǐ jiā lí xuéxiào yuǎn ma?
Q: 你家 离 学校 远吗？

Wǎng běi zǒu 200 mǐ, dào hóng-lǜdēng wǎng zuǒ guǎi.
往 北 走 200 米，到 红绿灯 往 左 拐。
Walk north for 200 meters and turn left at the traffic lights.

第五课
去中国银行怎么走（问路）

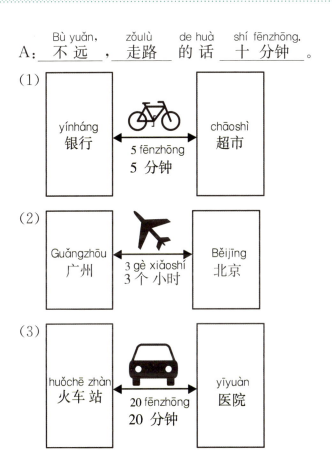

A：Bù yuǎn, zǒulù de huà shí fēnzhōng.
　　不远， 走路 的话 十 分钟。

❺ 根据地图分别描述从麦克家到学校、超市和饭店的路线
Describe the route to school, supermarket and restaurant from Mike's home according to the map

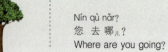

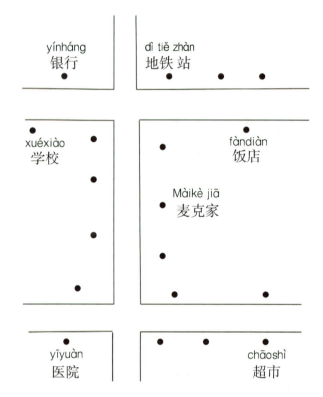

❻ 根据地图，与同学练习问路　Practice asking about ways with your classmates according to the map

Qǐngwèn, jǐ wèi?
请问，几位？
For how many people, please?

▶ 第六课
这个菜真好吃（就餐）

Zhège cài zhēn hǎochī
第六课　这个菜真好吃（就餐）
Unit 6　THIS DISH IS VERY DELICIOUS
（AT A RESTAURANT）

情景 ❶

Scene 1

fúwùyuán：Huānyíng guānglín! Qǐng xiān kàn yíxià càidān.
服务员：欢迎光临！请先看一下菜单。
Welcome for coming! Please look at the menu first.

Sòng Jiāmíng：Màikè, zhèr de Suāncàiyú hěn yǒumíng, yàobuyào chángchang?
宋家明：麦克，这儿的酸菜鱼很有名，要不要尝尝？
Mike, the *Boiled Fish with Pickled Cabbage and Chili* here is very famous. Would you like to taste it?

Màikè：Hǎo a. Zài lái yí gè Tángcùlǐji ba.
麦克：好啊。再来一个糖醋里脊吧。
Go ahead! Also, I'd like to have the *Sweet and Sour Pork Tenderloin*.

fúwùyuán：Hē diǎnr shénme?
服务员：喝点儿什么？
What drinks do you want?

Màikè：Liǎng píng píjiǔ.
麦克：两瓶啤酒。
Two bottles of beer.

汉语一月通
Easy Chinese

Qǐng gēn wǒ lái.
请 跟 我 来。
Please follow me.

fúwùyuán: Yào shénme zhǔshí?
服务员：要什么主食？
And the staple food?

Sòng Jiāmíng: Wǒ yào yì wǎn miàntiáo.
宋家明：我要一碗面条。
A bowl of noodles.

Màikè: Wǒ yào èr liǎng jiǎozi.
麦克：我要二两饺子。
I want two liang of jiaozi.

fúwùyuán: Qǐng shāo děng.
服务员：请稍等。
One moment, please.

Scene 2

Màikè: Zhège cài zhēn hǎochī!
麦克：这个菜真好吃！
This dish is very tasty!

Sòng Jiāmíng: Suāncàiyú ma? Wǒ yě hěn xǐhuan. Tángcùlǐji yǒudiǎnr tián.
宋家明：酸菜鱼吗？我也很喜欢。糖醋里脊有点儿甜。
Did you mean the *Boiled Fish with Pickled Cabbage and Chili*? I also like it. The *Sweet and Sour Pork Tenderloin* is a little bit sweet.

Màikè: Wǒ xǐhuan yòu suān yòu tián de cài. Zhè liǎng gè cài wǒ dōu xǐhuan.
麦克：我喜欢又酸又甜的菜。这两个菜我都喜欢。
I like sweet-and-sour dishes. So I like both of them.

Sòng Jiāmíng: Fúwùyuán, mǎidān.
宋家明：服务员，买单。
Waiter, I want to pay the bill.

fúwùyuán: Zhè shì zhàngdān. …… Huānyíng xià cì guānglín.
服务员：这是账单。…… 欢迎下次光临。
This is your bill. Welcome to your next visit.

Qǐng zuò zhèr.
请 坐 这儿。
Sit down here, please.

第六课
这个菜真好吃（就餐）

生词 01
New Words

❶	欢迎	huānyíng	（动）	welcome
❷	光临	guānglín	（动）	presence of (a guest, etc.)
❸	先	xiān	（副）	first
❹	看	kàn	（动）	to look at; to have a look
❺	一下	yíxià	（数量）	used after a verb to indicate one action or one try
❻	菜单	càidān	（名）	menu
❼	有名	yǒumíng	（形）	noted
❽	要	yào	（能愿动词）	want to
❾	尝	cháng	（动）	to taste
❿	啊	a	（助）	attached to the end of a sentence to show approval
⓫	再	zài	（副）	in addition; besides
⓬	来	lái	（动）	to want; to do
⓭	喝	hē	（动）	to drink
⓮	瓶	píng	（名、量）	bottle
⓯	啤酒	píjiǔ	（名）	beer
⓰	主食	zhǔshí	（名）	staple food
⓱	碗	wǎn	（名、量）	bowl
⓲	面条	miàntiáo	（名）	noodle
⓳	两	liǎng	（量）	Chinese traditional unit of weight, 50g
⓴	饺子	jiǎozi	（名）	dumpling
㉑	稍等	shāo děng		wait a moment
㉒	菜	cài	（名）	dishes

汉语一月通
Easy Chinese

Zhè shì càidān.
这 是 菜单。
Here is the menu.

㉓	真	zhēn	（副）	really
㉔	好吃	hǎochī	（形）	tasty
	吃	chī	（动）	to eat
㉕	喜欢	xǐhuan	（动）	to like
㉖	有点儿	yǒudiǎnr	（副）	a bit; a little
㉗	甜	tián	（形）	sweet
㉘	又……又……	yòu……yòu……		both…and…
㉙	酸	suān	（形）	sour
㉚	买单	mǎidān	（动）	pay a bill
㉛	账单	zhàngdān	（名）	bill
㉜	下次	xià cì		next time

02 / 专名
Proper Nouns

| ❶ | 酸菜鱼 | Suāncàiyú | Boiled Fish with Pickled Cabbage and Chili |
| ❷ | 糖醋里脊 | Tángcùlǐji | Sweet and Sour Pork Tenderloin |

Nǐmen de náshǒu cài shì shénme?
你们 的 拿手 菜 是 什么？
What's your specialty?

第六课
这个菜真好吃（就餐）

语言点 03
Language Points

1 Huānyíng guānglín!
欢迎 光临！ Welcome for coming!

　　进入商场、饭店等消费性场所，服务员一般都会热情相迎，鞠躬致意，礼貌地说"欢迎光临"。客人离去时，则会微笑着说"欢迎下次光临""欢迎再次光临"或"欢迎再来"等客套话。

　　Polite expressions or formalities such as "欢迎光临（Welcome for coming）" are usually used to greet customers or guests in places such as shops or restaurants by attendants or waiters, and "欢迎下次光临（Welcome to your next visit）", "欢迎再次光临（Welcome to come again）" or "欢迎再来（Welcome again）" are usually used when the customers leave.

2 Qǐng xiān kàn yíxià càidān.
请 先 看 一下 菜单。 Please look at the menu first.

　　"一下"用在动词后面，表示做一次或试着做。在这里"看一下"和"看看"的意思一样。

　　"一下" can be used after a verb to indicate one action or one try. Here "看一下" has the same meaning with "看看".

3 Yàobuyào chángchang?
要不要 尝尝？ Would you like to taste it?

　　单句中，谓语的肯定形式和否定形式并列起来构成正反疑问句。例如："你是不是美国人？""你去不去公园？""能不能打折？"如果句中有能愿动词，应该用能愿动词的肯定形式和否定形式，而不是动词，例如："你想不想去？""要不要尝尝？"

　　The interrogative sentences formed by paralleling the affirmative and negative forms of predicates are called affirmative-negative questions, e. g. "你是不是美国人？（Are you American?）" "你去不去公园？（Would you like

汉语一月通
Easy Chinese

Zhè shì běn diàn de tèsè cài.
这 是 本店的 特色菜。
This is the specialty of the restaurant.

to go to the park?)" and "能不能打折？（Could you give me a discount?)". If there is a modal verb in a sentence, the affirmative or negative forms of the modal verb shall be used rather than the verb, e.g. "你想不想去？（Do you want to go or not?)""要不要尝尝？（Would you like to taste it?)".

4 Zài lái yí gè Tángcùlǐji ba.
再 来 一 个 糖醋里脊 吧。
Also, I'd like to have the Sweet and Sour Pork Tenderloin.

"再"在这里的意思是"另外"，如"再要一斤草莓"。购物或就餐时，口语常用"来"代替"要"，如"来两瓶啤酒"。

The word "再" here is used to indicate the meaning of "besides, in addition or also", such as "再要一斤草莓（Also, I want one jin of strawberries)". In spoken Chinese, "来" is often used to replace the specific verb "要（to want)" when doing shopping or dining at restaurants, such as "来两瓶啤酒（I want two bottles of beer)".

5 Tángcùlǐji yǒudiǎnr tián.
糖醋里脊 有点儿 甜。
The Sweet and Sour Pork Tenderloin is a little bit sweet.

"有点儿"是状语，用在形容词前面，如："这件毛衣有点儿长"。

The adverbial phrase of "有点儿" is mostly used before adjectives such as "这件毛衣有点儿长（This sweater is a bit long)".

6 Wǒ xǐhuan yòu suān yòu tián de cài.
我 喜欢 又 酸 又 甜 的 菜。 I like sweet-and-sour dishes.

"又……又……"常用来连接前后性质相同的形容词、动词、动词词组、形容词词组，表示前后两种情况或状态同时存在。如："这个苹果又大又甜""饺子又好吃又便宜"。

"又……又……" is often used to connect paralleled adjectives, verbs, verb phrases or adjective phrases, indicating the simultaneous existence of more than one situation, such as "这个苹果又大又甜(This apple is both big and sweet)","饺子又好吃又便宜(Jiaozi is both tasty and cheap)".

文化点 Cultural Points 04

1 中国四大菜系 Chinese Cuisine

中国地大物博,人口众多,各地区均有不同的饮食习惯,因而形成了众多菜系,其中最有名的四大菜系为:川菜(四川菜)、鲁菜(山东菜)、淮扬菜、粤菜(广东菜)。每种菜系都有自己的特点:四川菜以辣、麻为显著特点,海内外闻名的许多中国菜肴,如"麻婆豆腐""鱼香肉丝"均出自川菜;山东菜颜色和口感浓郁、厚重;淮扬菜刀功精细,外形清雅,口味咸淡适中;广东菜较为清淡,以海鲜及煲汤为特色。此外在主食方面,南北地区有较大差别:北方以面食为主,如馒头、包子、饺子、面条等,而南方以米饭为主。现在随着人口流动的日益频繁,饭店内米、面均有供应。

With a vast territory and abundant resources and a large population, different regions have different eating habits, thus forming a large number of Chinese cuisine, among which the four most famous ones are Chuan Cuisine (Sichuan Cuisine), Lu Cuisine (Shandong Cuisine), Huaiyang Cuisine and Yue Cuisine (Cantonese Cuisine). Every cuisine has its own characteristics. Sichuan cuisine is characterized by spicy and pungent flavor. Many Chinese dishes famous at home and abroad such as *Mapo Tofu* and *Shredded Pork with Garlic Sauce* come from Sichuan cuisine. Shandong cuisine is rich in color and heavy taste. Huaiyang cuisine is noted for fine slicing technique and elegant appearance. And Cantonese cuisine is lighter, featuring seafood and soups. There are big differences between the north and the south in terms of staple food. In the north, the main food is pasta, such as steamed buns, dumplings, noodles, etc., while in the south, rice is the main food. Now with the increasing population mobility, both rice and pastas are available at restaurants.

汉语一月通
Easy Chinese

Zhège cài tài xián le.
这个菜太咸了。
This dish is too salty.

2 点餐及用餐礼仪 How to Order Dishes and Table Manners

点餐一般从凉菜(冷盘)开始,两三个人的话,如不需要凉菜可以不点,如果人多,可适当多点些凉菜,因为凉菜是现成的,点完即可上菜,大家可以边吃边聊,等后面的热菜。点完凉菜就可以点热菜了,可以先点小炒,随后是烧、炖、煮等需要较长时间的菜。点餐时可以询问服务员饭店的特色菜,以做参考。通常特色菜都是厨师的拿手菜,与众不同,因此值得一试。主菜中应有一道汤。点完热菜后,需要点些点心及主食。服务员还会请客人点些酒水,即酒类和饮料。很多饭店最后会免费送一份果盘。

中国人用餐时不实行分餐制,如果不习惯,可以请服务员备些公筷、公勺或请服务员帮助分餐。另外,中国人吃饭时喜欢热闹,喜欢边吃边聊。在中国的饭店用餐不需额外支付小费。

Ordering dishes can be started with cold dishes, for the cold dishes are ready-made and customers can chat over eating and waiting for the hot dishes to be served. After that, hot dishes can be ordered by starting with dishes cooked in small pots, then the dishes that need taking longer time to cook. A restaurant's special dishes is usually worth tasting, for the special dishes are something the chefs are good at and different from others. There should be a course of soup in the main course. Following the hot dishes, some desserts and staples need to be ordered and after that, drinks can be ordered. A free tray of fruits will be served at the end of the dinner in some restaurants.

Individual dining system is not encouraged in China. You can ask attendants to divide dishes for you if you do not like sharing dishes with other people. In addition, jolly atmosphere is preferred over eating in restaurants and tips are not encouraged in China.

3 支付方式 Payment Method

中国境内的传统支付方式主要是现金、银行卡,近几年移动支付较为盛行,顾客可以用手机扫描二维码,通过支付宝、微信、银联等平台完成支付。部分饭店还可以手机扫码点菜、付款。

Traditional payment methods in China are mainly cash and bank cards.

> Zhèlǐ de diǎnxin búcuò.
> 这里的 点心 不错。
> The dessert here is good.

第六课
这个菜真好吃（就餐）

In recent years, mobile payment has become popular. Customers can scan the QR code with their mobile phones and complete the payment through Alipay, WeChat pay, UnionPay and other platforms. Ordering dishes and completing payment by scanning code through cell phones are also available at some restaurants.

练习 05 Exercises

❶ 替换练习 Substitutions

(1) 　　Qǐng kàn yíxià càidān.
　　　请＿看＿一下＿菜单＿。

　　tīng　　　　　　yīnyuè
　　听(listen to)　　音乐(music)；

　　xiě　　　　　　míngzi
　　写(write)　　　名字；

　　cháng　　　　　diǎnxin
　　尝　　　　　　点心(refreshment)；

　　jièshào　　　　 zìjǐ
　　介绍(introduce)　自己(oneself)；

　　kàn　　　　　　hēibǎn
　　看　　　　　　黑板(blackboard)

(2) 　Nǐ yào bu yào chángchang?
　　　你＿要＿不＿要＿尝尝＿？

　　qù　　　　　　Shànghǎi
　　去　　　　　　上海；

　　shì　　　　　　lǎoshī
　　是　　　　　　老师；

　　chī　　　　　　píngguǒ
　　吃　　　　　　苹果；

　　hē　　　　　　chá
　　喝　　　　　　茶(tea)；

　　mǎi　　　　　　máoyī
　　买　　　　　　毛衣(sweater)

汉语一月通
Easy Chinese

Nǐ duō chī yìdiǎnr.
你 多 吃 一点儿。
Eat a little more.

(3) A：<u> Hē   diǎnr shénme? </u>
　　　　喝　点儿　什么？

　　B：<u> Liǎng píng píjiǔ. </u>
　　　　两　瓶　　啤酒。

chī	yí fèn	Dànchǎofàn
吃	一 份	蛋炒饭(scramble egg rice)；
lái	liǎng píng	kělè
来	两　瓶	可乐(cola)；
hē	sān bēi	kāfēi
喝	三 杯(cup)	咖啡(coffee)；
yào	sì wǎn	Niúròulāmiàn
要	四 碗(bowl)	牛肉拉面(noodles with beef)；
Mǎi	wǔ bāo	fāngbiànmiàn
买	五 包(pack)	方便面(instant noodles)

(4) <u> Zhège cài zhēn hǎochī! </u>
　　这个　菜　真 好吃！

zhège	diànyǐng	kàn
这个	电影(movie)	看；
nà zhǒng	shuǐguǒ	chī
那 种	水果(fruit)	吃；
zhè shǒu	gē	tīng
这 首	歌(song)	听；
zhè bēi	yǐnliào	hē
这 杯	饮料(soft drink)	喝；
nàge	yóuxì	wán
那个	游戏(game)	玩(to play)

(5) <u> Suāncàiyú yǒudiǎnr là. </u>
　　酸菜鱼　有点儿　辣。

zhè jiàn máoyī	dà
这 件 毛衣	大；
nà zhǒng dàngāo	tián
那 种 蛋糕(cake)	甜(sweet)；
wǒ de zìxíngchē	jiù
我 的 自行车(bicycle)	旧；
zhège cài	xián
这个 菜	咸(salty)

(6) <u> Wǒ xǐhuan yòu suān yòu tián de cài. </u>
　　我 喜欢 又　酸　又　甜　的　菜。

hǎochī	piányi	xiǎochī
好吃	便宜	小吃(snack)；
ruǎn	tián	miànbāo
软(soft)	甜	面包(bread)；

Nǐmen yào hē shénme?
你们 要 喝 什么?
What would you like to drink?

第六课
这个菜真好吃（就餐）

xiāng
香(savory)

kǔ
苦(bitter)

kāfēi
咖啡(coffee);

xīnxiān
新鲜(fresh)

hǎochī
好吃

shuǐguǒ
水果

❷ 完成对话　Complete the dialogues

(1) fúwùyuán: Qǐngwèn, nǐmen yào shénme cài?
服务员：请问，你们 要 什么 菜？

Màikè:
麦克：_____。

Sòng Jiāmíng:
宋　家明：_____。

fúwùyuán: Yào shénme zhǔshí?
服务员：要 什么 主食？

Sòng Jiāmíng:
宋　家明：_____。

fúwùyuán: Hái yào biéde ma?
服务员：还 要 别的 吗？

Màikè:
麦克：_____。

(2) fúwùyuán: Nǐmen hē diǎnr shénme?
服务员：你们 喝 点儿 什么？

Màikè:
麦克：_____。

Sòng Jiāmíng:
宋　家明：_____。

fúwùyuán:
服务员：_____？

Sòng Jiāmíng: Zài lái yì píng kělè.
宋　家明：再 来 一瓶 可乐。

fúwùyuán: Yào dà píng de ma?
服务员：要 大 瓶 的 吗？

Sòng Jiāmíng: Bù, yào
宋　家明：不，要 _____。

汉语一月通
Easy Chinese

Xièxie, wǒ bù hē jiǔ.
谢谢，我 不 喝 酒。
Thank you. I don't drink.

❸ 连线　Sentences matching

(1) Nǐ chī shénme?
　　你 吃 什么？

(2) Nǐmen yào jǐ liǎng jiǎozi?
　　你们 要 几两 饺子？

(3) Nǐ hē shénme?
　　你 喝 什么？

(4) Hái yào biéde ma?
　　还 要 别的 吗？

(5) Yào shénme zhǔshí?
　　要 什么 主食？

A: Wǒ yào yì píng píjiǔ.
　　我 要 一 瓶 啤酒。

B: Lái yì wǎn mǐfàn.
　　来 一 碗 米饭。

C: Xièxie, bú yào le.
　　谢谢，不 要 了。

D: Lái yí gè Suāncàiyú.
　　来 一 个 酸菜鱼。

E: sì liǎng.
　　四 两。

❹ 把下面的句子改成正反疑问句　Change the following sentences into affirmative-negative questions

例: Tā hē píjiǔ.
　　他 喝 啤酒。

　　Tā hēbuhē píjiǔ?
　　__他 喝不喝 啤酒__？

(1) Màikè shì Měiguó rén.
　　麦克 是 美国 人。

　　_____

(2) Zhè jiàn yīfu xiǎo ma?
　　这 件 衣服 小 吗？

　　_____

(3) Zhēnnī xīngqīliù qù Shànghǎi.
　　珍妮 星期六 去 上海。

　　_____

(4) Zhèr lí Zhōngguó Yínháng yuǎn ma?
　　这儿 离 中国 银行 远 吗？

　　_____

❺ 会话练习　Conversational practice

(1) 三人一组（一位服务员、两位顾客），根据老师给的菜单进行模拟点菜的表演。

Perform how to order dishes in groups of three (one attendant, two customers) according to the menu given by the teacher.

Nǐ juéde zhèr de cài zěnmeyàng?
你 觉得 这儿 的 菜 怎么样?
How do you like the food here?

第六课
这个菜真好吃（就餐）

(2) 两人一组（一位服务员、一位顾客），表演结账。
Perform how to settle accounts in pairs (one attendant and one customer).

Càidān
菜单　Menu

Jīngměi lěngdié
精美 冷碟　Cold Dishes

Liángbànhuángguā 凉拌黄瓜	Cucumber in Sauce	8 元
Pídàndòufu 皮蛋豆腐	Tofu with Preserved Eggs	10 元
Mìzhītáng'ǒu 蜜汁糖藕	Lotus Root in Honey Juice	10 元
Bīngcǎosèlā 冰草色拉	Ice Grass Salad	20 元
Wǔxiāngniúròu 五香牛肉	Spiced Beef	48 元
Guǎngshìshāoyā 广式烧鸭	Cantonese Roast Duck	38 元
Kóushuǐjī 口水鸡	Steamed Chicken with Chili Sauce	40 元
Tángcùdàiyú 糖醋带鱼	Sweet & Sour Hairtail	30 元

Jiācháng xiǎochǎo
家常 小炒　Fried Dishes

Yúxiāngròusī 鱼香肉丝	Shredded Pork with Garlic Sauce	28 元
Mápódòufu 麻婆豆腐	Mapo Tofu	26 元
Gōngbǎojīdīng 宫保鸡丁	Kung Pao Chicken	36 元
Jīngjiàngròusī 京酱肉丝	Shredded Pork in Sweet Bean Paste	30 元
Mǎyǐshàngshù 蚂蚁上树	Vermicelli with Spicy Minced Pork	26 元
Hēijiāoniúliǔ 黑椒牛柳	Beef Fillet with Black Pepper	40 元
Shǒusībāocài 手撕包菜	Shredded Cabbage	18 元
Gānbiānsìjìdòu 干煸四季豆	Dry Fried String Beans	20 元

Zhège fàndiàn de cài wèidào hěn hǎo.
这个饭店的菜味道很好。
The food in this restaurant is delicious.

Tèsè rè cài 特色热菜 Hot Dishes

Suāncàiyú 酸菜鱼	Boiled Fish with Pickled Cabbage and Chili	48 元
Dōngpōròu 东坡肉	Braised Dongpo Pork	68 元
Sānbēijī 三杯鸡	Chicken with Three Cups Sauce	58 元
Fānqiéniúnǎn 番茄牛腩	Stewed Beef Brisket with Tomato	78 元
Gānguōniúwā 干锅牛蛙	Dry Braised Frog	48 元
Tángcùpáigǔ 糖醋排骨	Sweet & Sour Spare Ribs	48 元
Shísānxiāng lóngxiā 十三香龙虾	Lobster with Thirteen Flavors	98 元
Hóngshāo shīzitóu 红烧狮子头	Stewed Pork Ball in Brown Sauce	68 元

Yǎngshēng tāngpǐn 养生汤品 Soups

Shānyào tǔjītāng 山药土鸡汤	Chinese Yam Chicken Soup	88 元
Sǔnjiān lǎoyābāo 笋尖老鸭煲	Stewed Duck with Bamboo Shoots	88 元
Fānqié jīdàntāng 番茄鸡蛋汤	Tomato and Egg Soup	20 元
Luóbo páigǔtāng 萝卜排骨汤	Radish Sparerib Soup	58 元

Diǎnxin zhǔshí 点心主食 Snacks & Staples

Xiǎolóngbāo 小笼包	Small Steamed Meat Filled Buns	22 元
Shuǐjiǎo 水饺	Jiaozi	18 元
Nánguābǐng 南瓜饼	Deep-Fried Pumpkin Cake	16 元

> Zhège yútāng zhēn xiān.
> 这个 鱼汤 真 鲜。
> This fish soup is delicious.

▶ 第六课
这个菜真好吃（就餐）

Húntun 馄饨	Wonton	20 元
Yángzhōuchǎofàn 扬州炒饭	Yangzhou Fried Rice	25 元
Yángchūnmiàn 阳春面	Plain Noodles	16 元
Luóbosī sūbǐng 萝卜丝 酥饼	Radish Pastry	18 元
Guìhuā xiǎoyuánxiāo 桂花 小元宵	Sweet-scented Osmanthus Glutinous Rice Balls	20 元

Jiǔshuǐ yǐnliào
酒水 饮料 Wines & Drinks

Qīngdǎo píjiǔ 青岛 啤酒	Tsing Tao Beer	10 元
Chángchéng gānhóng 长城 干红	Great Wall Red Wine	68 元
yēzi zhī 椰子汁	Coconut Juice	8 元
guǒlìchéng 果粒橙	Minute Maid	6 元
kělè xuěbì fēndá 可乐/雪碧/芬达	Cola/Sprite/Fanta	5 元

Nǐ fāshāo le.
你发烧了。
You have a fever.

第七课 你怎么了（就诊）
Unit 7 WHAT'S WRONG WITH YOU (SEEING A DOCTOR)

情景 1

Scene 1

珍妮：麦克，我不舒服。
Mike, I'm not feeling well.

麦克：你怎么了？
What's wrong with you?

珍妮：我头疼，发烧，嗓子也疼。
I'm having a headache, a fever and a sore throat.

麦克：你可能感冒了，去医院看看吧。
You might have caught a cold, go and see a doctor.

珍妮：我马上就去，你帮我请个假，我今天不能上课了。
I'll go right now. Please ask a leave for me and I can't go to class today.

麦克：没问题。要我陪你去医院吗？
No problem. Do you need me to accompany you to the hospital?

Chī yìdiǎnr yào ba.
吃 一点儿 药 吧。
Take some medicine.

第七课
你怎么了（就诊）

情景 2

Scene 2

dàifu：Nǐ nǎr bù shūfu?
大夫：你 哪儿 不 舒服？
What ails you?

Zhēnnī：Wǒ tóu téng de lìhai, sǎngzi yě hěn téng, hái yǒudiǎnr fāshāo.
珍妮：我 头 疼 得 厉害，嗓子 也 很 疼，还 有点儿 发烧。
I have a bad headache, a sore throat and a little bit fever.

dàifu：Xiān liáng yíxià tǐwēn ba. 38 dù 5, nǐ gǎnmào le. Chī diǎnr yào jiù huì hǎo.
大夫：先 量 一下 体温 吧。……38度5，你 感冒 了。吃 点儿 药 就会 好。
Take a temperature first. … 38.5℃. You've caught a cold. You'll feel better after taking some medicine.

Zhēnnī：Xièxie.
珍妮：谢谢。
Thanks.

dàifu：Búyòng xiè. Nǐ huíqù hòu yào duō xiūxi, duō hē shuǐ.
大夫：不用 谢。你 回去 后 要 多 休息，多 喝 水。
You're welcome. You should rest a lot and drink more water.

Wǒ bù xiǎng guà shuǐ, yě bù xiǎng dǎ zhēn.
我 不 想 挂 水，也 不 想 打 针。
I don't want to have an i. v drip or get an injection.

01 生词
New Words

❶	舒服	shūfu	（形）	comfortable
❷	头疼	tóuténg	（形）	headache
	头	tóu	（名）	head
	疼	téng	（形）	painful
❸	发烧	fāshāo	（动）	have a fever
❹	嗓子	sǎngzi	（名）	throat
❺	可能	kěnéng	（能愿动词）	probably; possibly
❻	感冒	gǎnmào	（动）	catch a cold
❼	医院	yīyuàn	（名）	hospital
❽	马上	mǎshàng	（副）	at once
❾	帮	bāng	（动）	to help
❿	请假	qǐngjià	（动）	to ask for leave
⓫	上课	shàngkè	（动）	go to class
⓬	没	méi	（动、副）	have not
⓭	问题	wèntí	（名）	problem
⓮	陪	péi	（动）	to accompany
⓯	不用	búyòng	（副）	need not
⓰	得	de	（助）	used after a verb or an adjective to introduce a complement of result or degree
⓱	厉害	lìhai	（形）	badly; terribly
⓲	量	liáng	（动）	to take (temperature)
⓳	体温	tǐwēn	（名）	body temperature
⓴	度	dù	（量）	Celsius
㉑	吃	chī	（动）	to take (medicine)
㉒	药	yào	（名）	medicine; drug
㉓	会	huì	（能愿动词）	will
㉔	回去	huíqù	（动）	go back
㉕	后	hòu	（名）	after
㉖	要	yào	（能愿动词）	should
㉗	休息	xiūxi	（动）	to rest
㉘	水	shuǐ	（名）	water

Dàifu, wǒ lā dùzi le.
大夫，我拉肚子了。
Doctor, I have loose bowels.

第七课
你怎么了（就诊）

语言点 02
Language Points

1. Nǐ zěnme le? 你怎么了？ What's wrong with you?

询问状况、原因、理由等，可以用"怎么了"。

"怎么了" can be used to inquire about the process, cause and reason of something that has happened.

2. Nǐ bāng wǒ qǐng gè jià. 你帮我请个假。Please ask a leave for me.

这个句子完整的形式是"你帮我请一个假"。"请假"是离合词，中间可以插入数量词。"一"出现在量词前面时，常常可以省略，如"我有个好朋友"。

The complete form of this sentence is "你帮我请一个假（Please ask a leave for me）". "请假" is a separable word, between which numeral-classifier compounds can be inserted. "一" can be omitted if it goes before a classifier, such as "我有个好朋友（I have a good friend）".

3. Wǒ jīntiān bù néng shàngkè le. 我今天不能上课了。I can't go to class today.

"能"是能愿动词。能愿动词用在动词、形容词前面，表示人的主观意愿、能力、要求，或者客观的可能性、必要性等。否定时"不"要加在能愿动词前，而不是加在动词前。"不能"在这里的意思是条件不允许，想做而无法做。

"了"是语气助词，用在句尾表示新情况的出现、变化的发生。

"能" is an modal verb, which can be used before a verb or an adjective indicating one's subjective willingness, capacity, demands or the objective possibilities and necessities, etc. The negative word "不" should go before the modal verb. The word "不能" here implies that you cannot do something you want to do due to unfavorable conditions.

汉语一月通
Easy Chinese

Nǐ qù huàyàn yíxià ba.
你去 化验 一下吧。
Go and take a test.

"了" is a modal particle, which can be used at the end of a sentence to indicate a change or a new situation.

4　Wǒ tóu téng de lìhai. 我头疼得厉害。I have a bad headache.

"头疼得厉害"的意思是头疼的程度很深、很严重,其中"厉害"是程度补语,说明"疼"的程度。在动词、形容词后补充说明所达到的程度的成分,叫程度补语,通常结构为"动词/形容词＋(得)＋程度补语"。

The complement of degree can be used after verbs or adjectives to modify the extent and degree attained. Its sentence structure is "v./adj. ＋(得)＋ Complement of Degree"."头疼得厉害" indicates the seriousness of the headache.

03　文化点
Cultural Points

就诊程序 Procedures for Seeing a Doctor

在医院就诊时首先要去挂号处挂号,根据身体不适的部位选择相应的科室,随后按照挂号的序号排队就诊。医生通常会询问患者症状及发生时间,还会要求患者做相应的化验或检查。拿到检查报告后交给医生,医生会根据化验结果做出诊断,并开具处方。患者去收费处交费后,再接受治疗或取药。

Patients should first go and register at a hospital's registry and then line up for their turn to seek medical advice according to the serial number of their registration. Physicians would first inquire about the symptom and the onset of a disease and then ask patients to take related testing and checks. The testing reports should be taken to physicians; and they would make a diagnosis and prescribe a prescription according to testing results. Then patients are supposed to receive some treatment and take some medicine after settling their fees at a hospital's fee collecting place.

Nǐ liǎnsè bù hǎo, zhùyì xiūxi a.
你脸色不好，注意休息啊。
You look pale, take a good rest.

第七课
你怎么了（就诊）

练习 Exercises

❶ **替换练习 Substitutions**

(1) Nǐ zěnme le?
   你 怎么 了？

   nǐ de yǎnjing
   你 的 眼睛 (eyes);

   nǐ de shǒu
   你 的 手 (hands);

   Màikè
   麦克;

   diànnǎo
   电脑 (computer)

(2) A: Nǐ nǎr bù shūfu?
    你 哪儿 不 舒服？
    B: Wǒ tóuténg.
    我 头疼 。

   wèi téng
   胃 疼 (stomachache);

   yá téng
   牙 疼 (toothache);

   shǒu huápò le
   手 划破 了 (cut one's hand);

   jiǎo niǔ le
   脚 扭 了 (sprain one's ankle);

   lā dùzi le
   拉 肚子 了 (have diarrhea)

(3) Wǒ jīntiān bù néng shàngkè le.
   我 今天 不 能 上课 了。

   shàngbān
   上班 (go to work);

   qù nǐ jiā
   去 你 家 (go to your home);

   qù túshūguǎn
   去 图书馆 (go to library);

汉语一月通
Easy Chinese

Nǐ qù yīyuàn jiǎnchá yíxià ba.
你 去 医院 检查 一下 吧。
Go to the hospital and have a check-up.

bāng nǐ mǎi cài
帮 你 买 菜 (help you buy food)

(4) <u>Chī diǎnr yào</u> jiù huì hǎo.
　　 吃 点儿 药　 就 会 好。

dǎ liǎng zhēn
打 两 针 (have two injections)；

shuì yí jiào
睡 一 觉 (take a sleep)；

xiūxi yíxià
休息 一下 (take a rest)；

hē diǎnr shuǐ
喝 点儿 水 (drink some water)

❷ 组句　Sentences formation

(1) kě néng　le　Mài kè　gǎnmào
　　可 能　了　麦 克　感 冒

_____

(2) shàng kè　jīn tiān　bù　wǒ　néng　le
　　上 课　今 天　不　我　能　了

_____

(3) tǐwēn　yí xià　ba　xiān　liáng
　　体 温　一 下　吧　先　量

_____

(4) yào　nǐ　xiūxi　duō
　　要　你　休息　多

_____

(5) yào　diǎnr　huì　jiù　chī　hǎo
　　药　点儿　会　就　吃　好

_____

❸ 完成对话　Complete the dialogues

(1) A：Nǐ zěnme le?
　　　你 怎么 了？

　　B：Wǒ
　　　我_____。

　　A：Xiān liáng yíxià　　　　nǐ fāshāo le.
　　　先 量 一下_____。……_____，你 发烧 了。

Duō bǎozhòng!
多 保重!
Take care of yourself!

第七课
你怎么了（就诊）

B：_____？
　　Shì de, nǐ gǎnmào le.
A：是的，你感冒了。

　　　Zhēnnī, wǒ
(2) A：珍妮，我_____。
　　　Nǐ kěnéng gǎnmào le.
B：你可能感冒了。_____。
　　Wǒ mǎshàng jiù qù. Bāng wǒ   hǎo ma?
A：我马上就去。帮我_____，好吗？
　　Hǎo. Yào wǒ péi nǐ qù   ma?
B：好。要我陪你去_____吗？
　　Búyòng, wǒ   qù jiù kěyǐ.
A：不用，我_____去就可以。

❹ 学习身体主要部位的词语，和同伴做练习，甲说乙指或者甲指乙说 Learn the words for the main body parts by practicing in pairs

tóu　　　liǎn　　　yǎnjing　　　bízi　　　zuǐ
头(head)、脸(face)、眼睛(eye)、鼻子(nose)、嘴(mouth)、
ěrduo　　bózi　　　shǒubì　　　dùzi
耳朵(ear)、脖子(neck)、手臂(arm)、肚子(stomach; belly)、
shǒu　　tuǐ　　jiǎo
手(hand)、腿(leg)、脚(foot)

❺ 会话练习 Conversational practice

两人一组，模拟就诊时医生与病人的对话。
Imitate a dialogue between a physician and a patient in pairs.

汉语一月通 Easy Chinese

Nín hǎo, zhèlǐ shì Dàhuá Gōngsī.
您好，这里是大华公司。
Hello, this is Dahua Company.

第八课　请问，宋家明在吗（打电话）
Qǐngwèn, Sòng Jiāmíng zài ma

Unit 8　EXCUSE ME, IS SONG JIAMING THERE (MAKING A PHONE CALL)

情景 1

Scene 1

Sòng Jiāmíng māma: Wèi, nǐ hǎo!
宋家明妈妈：喂，你好！
Hello!

Màikè: Qǐngwèn, Sòng Jiāmíng zài ma?
麦克：请问，宋家明在吗？
Excuse me, is Song Jiaming there?

Sòng Jiāmíng māma: Tā qù shàngkè le. Nǐ shì nǎ wèi?
宋家明妈妈：他去上课了。你是哪位？
He's gone to class. Who is speaking?

Màikè: Wǒ shì tā de péngyou Màikè. Qǐng tā gěi wǒ huí gè diànhuà.
麦克：我是他的朋友麦克。请他给我回个电话。
I'm his friend Mike. Please ask him to call me back.

Sòng Jiāmíng māma: Nǐ de diànhuà hàomǎ shì duōshao?
宋家明妈妈：你的电话号码是多少？
Your phone number?

Màikè: Qǐng tā dǎ wǒ de shǒujī ba.
麦克：请他打我的手机吧：13912855117。
Please ask him to call my cell phone at 13912855117.

第八课 请问，宋家明在吗（打电话）

Qǐngwèn nín zhǎo nǎ wèi?
请问 您找哪位？
Who would you like to speak to?

Sòng Jiāmíng māma： Hǎo de, zàijiàn.
宋家明妈妈：好的，再见。
Okay, bye.

Màikè： Zàijiàn.
麦克：再见。
Bye.

情景 2

Scene 2

Sòng Jiāmíng： Wèi, shì Màikè ma?
宋家明：喂，是麦克吗？
Hello, is that Mike?

Màikè： Nǐ shì Sòng Jiāmíng ba? Xīngqīliù shì Zhēnnī de shēngrì,
麦克：你是宋家明吧？星期六是珍妮的生日，
wǒmen yìqǐ qù tā nàr, hǎo ma?
我们一起去她那儿，好吗？
Is that Song Jiaming? Saturday is Jenny's birthday, let's go to her place, Okay?

Sòng Jiāmíng： Hǎo a. Wǒmen dài shénme lǐwù?
宋家明：好啊。我们带什么礼物？
Sure. What gifts shall we bring?

Màikè： Wǒmen sòng yí gè shēngrì dàngāo ba.
麦克：我们送一个生日蛋糕吧。
Let's send a birthday cake.

Sòng Jiāmíng： Hǎo de. Tā zhù nǎr?
宋家明：好的。她住哪儿？
Okay. Where does she live?

Màikè： Wǒ dài nǐ qù ba. Xīngqīliù wǎnshang liù diǎn zài nán ménkǒu
麦克：我带你去吧。星期六晚上六点在南门口
jiàn.
见。
Let's go there together. Let's meet at the south gate at six p.m. Saturday evening.

Sòng Jiāmíng： Bújiàn-búsàn!
宋家明：不见不散！
Be there or be square!

汉语一月通
Easy Chinese

Nín zhǎo tā yǒu shì ma?
您 找 他 有 事 吗?
Do you want to see him?

01 生词
New Words

❶	喂	wèi	(叹)	hello
❷	他	tā	(代)	he; him
❸	位	wèi	(量)	a classifier, used politely before people
❹	朋友	péngyou	(名)	friend
❺	给	gěi	(介)	introduce the object of the verb
❻	回	huí	(动)	to call back
❼	电话	diànhuà	(名)	telephone
❽	号码	hàomǎ	(名)	number
❾	打	dǎ	(动)	to phone
❿	手机	shǒujī	(名)	cell phone
⓫	再见	zàijiàn	(动)	goodbye; see you again
⓬	生日	shēngrì	(名)	birthday
⓭	一起	yìqǐ	(副)	together
⓮	那儿	nàr	(代)	there
⓯	带	dài	(动)	to bring
⓰	礼物	lǐwù	(名)	gift
⓱	送	sòng	(动)	to give
⓲	蛋糕	dàngāo	(名)	cake
⓳	住	zhù	(动)	to live
⓴	晚上	wǎnshang	(名)	evening
21	南	nán	(名)	south
22	门口	ménkǒu	(名)	doorway
23	见	jiàn	(动)	to meet
24	不见不散	bújiàn-búsàn		be there or be square

Yǒu shì qǐng liúyán.
有事 请 留言。
Please leave a message.

 第八课
请问，宋家明在吗（打电话）

语言点
Language Points

1
Tā qù shàngkè le.
他 去 上课 了。 He's gone to class.

语气助词"了"在这个句子里表示肯定的语气，说明事态发生了变化：他现在不在家，去上课了。

The modal particle "了" used in this sentence implies an affirmative tone, indicating a change, e.g. "他现在不在家，去上课了（He's not at home now as he's gone to class）".

2
Qǐng tā gěi wǒ huí gè diànhuà.
请 他 给 我 回 个 电话。
Please ask him to call me back.

介词"给"在这里引出动作行为的对象或受益者，例如："我给妈妈写封信。""明天我给你打电话。"

The preposition "给" is used here to introduce the object of the verb, e.g. "我给妈妈写封信（I'm writing a letter to my mother）", "明天我给你打电话（I'll give you a call tomorrow）".

3 13912855117

号码中的数字不管有多少位，都要一个一个地读出数字，如电话号码、房间号、护照号、汽车车牌号等。

In reading a number, no matter how many digits there are, they should be read out one by one, including telephone numbers, room numbers, passport numbers and car numbers, etc.

"一"和"七"的读音相似，所以读号码时，为了避免让别人听错，我们常常会把"1"读作"yāo"。

When we read numbers, we often read "1" as "yāo" to avoid a possible misunderstanding, because the pronunciation of "yī(1)" is close to that of "qī(7)".

汉语一月通
Easy Chinese

Nín bōdǎ de yònghù yǐ guānjī.
您 拨打 的 用户 已 关机。
The subscriber you dialed is power off.

号码中的"2"要读作"èr",不能读成"liǎng"。如 120(yāo èr líng)。

In numbers, "2" is read as "èr", which cannot be read as "liǎng", e. g. "120(yāo èr líng)".

相同的数字要分别读出。如:"110(yāo yāo líng)""119(yāo yāo jiǔ)"。

Identical numbers should be read out one by one, such as "110(yāo yāo líng)" and "119(yāo yāo jiǔ)".

4

Nǐ shì Sòng Jiāmíng ba?
你是宋家明吧? Is that Song Jiaming?

"吧"在疑问句末带有揣测、估计的意味。

"吧" can be used at the end of a sentence, to imply doubt or supposition.

5

Wǒmen yìqǐ qù tā nàr, hǎo ma?
我们 一起去 她那儿,好吗?
Let's go to her place, Okay?

"她那儿"指的是她住的地方,在口语中,常在人名或人称代词后加上"这儿"或"那儿",代表某人所在的地方。陈述句后面用"好吗"提问,表示提出建议,征求对方意见,有商量、请求的意思。肯定的回答可以是"好的""好啊""好吧""行啊"等。

"她那儿" indicates the place where she lives. In spoken Chinese, "这儿" or "那儿" is often added after a person's name or a pronoun, to stand for one's living place. "好吗" can be used to put forth a suggestion or to solicit others' opinions after affirmative sentences, and the affirmative answers to such kinds of questions are "好的", "好啊", "好吧", "行啊", etc.

6

Bú jiàn- bú sàn!
不见不散! Be there or be square!

与别人约定见面的时间、地点后,常以"一言为定""不见不散"来表明不再更改或反悔。

"一言为定" or "不见不散" is often used to mean not to change one's mind or to regret if the time to meet somebody has been appointed.

Nín bōdǎ de diànhuà zhèngzài tōnghuà zhōng, qǐng shāohòu zài bō.
您 拨打 的 电话　正在　通话　中，请 稍后 再 拨。
The subscriber you dialed is busy now, please redial later.

第八课
请问，宋家明在吗（打电话）

文化点 03 Cultural Points

1　打电话　Make Phone Calls

中国人接电话时常说的"喂"，实际上没有具体意义，只表明有人应答。询问对方是否为某人，可以说："您是×××吗?"询问对方是否为某单位，可以说："请问，是××××吗?"希望对方告知姓名或身份，可以说："您(是)哪位?"对方应该回答："我是……"询问对方想和谁通话，可以说："您找谁?"如果发现对方拨错了电话号码，可以说："对不起，你打错了。"

"喂"is usually used by Chinese people in answering a phone call, to indicate somebody is involved in a phone call. If you want to know who is calling, you can ask by saying "您是×××吗 (Is that ×××)?" or "请问，是××××吗?". If you want the caller to tell his/her name or identity, you can say: "您(是)哪位 (Who's speaking/calling)?" The answer is "我是……(This is ……)". And "您找谁 (Who are you calling)?" is said if you want to know who is wanted by the caller. "对不起，你打错了(Sorry, wrong number)" is often said if you've got a wrong call.

2　常用应急电话号码　Emergency Phone Number

110　报警电话(发现违法犯罪行为或需警方提供帮助)
114　查号台(查找单位电话号码)
119　火警电话(报告火灾)
120　急救电话(急需医疗救护)
122　道路交通事故报警电话

110　for police
114　for directory
119　for fire
120　for emergency medical services
122　for road traffic accidents

汉语一月通
Easy Chinese

Nǐ de shǒujī zěnme guānjī le?
你 的 手机 怎么 关机 了?
Why is your cell phone turned off?

04 练习
Exercises

❶ 读出下列电话号码 Read out the following phone numbers

025－83790611 010－46338500 13305457219 13851607222

❷ 替换练习 Substitutions

(1) A：Qǐngwèn, Sòng Jiāmíng zài ma?
请问，宋 家明 在 吗?

B：Qǐng shāo děng.
请 稍 等(hold on please)。

Wáng lǎoshī； Liú xiǎojiě； Màikè； Zhēnnī
王 老师；   刘 小姐；   麦克；   珍妮

(2) Tā qù shàngkè le.
他 去 上课 了。

xuéxiào   mǎi dōngxi
学校(school)；   买 东西(do shopping)；

kāihuì   gōngsī
开会(have a meeting)；   公司

(3) Qǐng tā gěi wǒ huí gè diànhuà.
请 他 给 我 回 个 电话。

nǐ   Wáng lǎoshī   dǎ gè diànhuà
你   王 老师   打 个 电话；

Zhēnnī Màikè   fā gè duǎnxìn
珍妮   麦克   发 个 短信(text a message)；

nín   wǒ   fā gè chuánzhēn
您   我   发 个 传真(send a fax)；

tā   Sòng Jiāmíng   fā fēng diànzǐ yóujiàn
她   宋 家明   发 封 电子 邮件(send an e-mail)

(4) Nǐ de diànhuà hàomǎ shì duōshao?
你 的 电话 号码 是 多少?

shǒujī hàomǎ
手机 号码；

fáng hào
房 号(room number)；

Shǒujī méi diàn le.
手机 没 电 了。
My cell phone is out of battery.

第八课
请问，宋家明在吗（打电话）

    bàngōngshì diànhuà
    办公室 电话(office phone number)；
   chuánzhēn hào
   传真(fax) 号

    Wǒmen yìqǐ qù tā nàr, hǎo ma?
(5) _____我们 一起 去 她 那儿，好 吗？

   nǐ gěi wǒ dǎ diànhuà
   你 给 我 打 电话；

   qǐng nǐ gàosu Màikè
   请 你 告诉(to tell) 麦克；

   wǒmen yìqǐ qù shítáng
   我们 一起 去 食堂(cafeteria)；

   wǒmen qù tiàowǔ
   我们 去 跳舞(to dance)

❸ 完成对话　Complete the dialogues

    Qǐngwèn
(1) A：请问，_____？
   Tā bú zài.
  B：他 不 在。

   Wèi, shì Wáng Xiǎomíng ma?
(2) A：喂，是 王 小明 吗？
   Shì wǒ.
  B：是 我。_____？
   Wǒ shì Màikè. Nǐ zhīdào Xiè Nán de shǒujī hàomǎ ma?
  A：我 是 麦克。你 知道(to know)谢 南 的 手机 号码 吗？
  B：_____，_____。
   Xièxie!
  A：谢谢！
  B：_____。

   Zhēnnī,   hǎo ma ?
(3) A：珍妮，_____，好 吗？
   Hǎo a. Jǐ diǎn? Zài nǎr jiàn?
  B：好 啊。几 点？在 哪儿 见？
  A：_____，_____。
   Hǎo, bújiàn-búsàn.
  B：好，不见不散。

汉语一月通
Easy Chinese

Nǐ yí dào jiā jiù gěi wǒ dǎ gè diànhuà.
你一到家就给我打个电话。
Give me a call the time you get home.

❹ 连线　Sentences matching

Nín shì nǎ wèi?
(1) 您是哪位？

Wǒmen qù fàndiàn chī fàn, hǎo ma?
(2) 我们去饭店吃饭，好吗？

Qǐngwèn, Wáng lǎoshī zài ma?
(3) 请问，王老师在吗？

Nǐ de diànhuà hàomǎ shì duōshao?
(4) 你的电话号码是多少？

Wǒmen zài nǎr jiàn?
(5) 我们在哪儿见？

A：18958117997。

Wǒ shì Zhēnnī.
B：我是珍妮。

Fàndiàn ménkǒu.
C：饭店门口。

Hǎo a.
D：好啊。

Tā qù yīyuàn le.
E：他去医院了。

❺ 会话练习　Conversational practice

两人一组，练习打电话。

Practice how to make a phone call in pairs.

(1) 约朋友星期四晚上去餐馆吃饭。

　　Ask a friend out to dine in a restaurant on Thursday evening.

(2) 打电话给114，查询当地某餐馆电话。

　　Call 114 for the phone number of a certain restaurant.

(3) 打电话给某餐馆订餐，预订星期四晚上4人桌。

　　Call a restaurant to reserve a table for 4 on Thursday evening.

Jīntiān tiānqì zhēn hǎo!
今天 天气 真 好!
What a beautiful day it is!

第九课
今天太热了（天气）

第九课 今天太热了（天气）
Jīntiān tài rè le

Unit 9 IT'S TOO HOT TODAY
（WEATHER）

情景 1

Scene 1

Zhēnnī: Tài rè le!
珍妮：太热了!
It's too hot!

Sòng Jiāmíng: Shì de, jīntiān dàgài yǒu 38 dù.
宋 家明：是 的，今天 大概 有 38 度。
Yes. It's 38℃ today.

Zhēnnī: Nǐ tīng tiānqì yùbào le ma? Míngtiān tiānqì zěnmeyàng?
珍妮：你听天气预报了吗? 明天 天气 怎么样?
Did you listen to the weather forecast? How about the weather tomorrow?

Sòng Jiāmíng: Tiānqì yùbào shuō míngtiān yǒu dàyǔ.
宋 家明：天气预报说 明天 有 大雨。
The weather forecast says there'll be a heavy rain tomorrow.

Zhēnnī: Xià le yǔ huì liángkuai yìdiǎnr.
珍妮：下了雨会 凉快 一点儿。
It'll be cooler if it rains.

Sòng Jiāmíng: Xīwàng hòutiān shì qíng tiān, wǒmen yǒu yì chǎng zúqiú bǐsài.
宋 家明：希望 后天 是 晴天，我们 有 一 场 足球 比赛。
I hope it'll be a sunny day the day after tomorrow, for we'll have a football match.

Míngtiān shì yīn tiān.
明天 是 阴天。
Tomorrow will be overcast.

Zhēnnī: Shì ma? Wǒ qù gěi nǐmen jiāyóu.
珍妮：是吗？我去给你们加油。
Really? I'll go and cheer you.

Scene 2

Sòng Jiāmíng: Zhēnnī, nǐmen guójiā xiàtiān bǐ zhèr liángkuai ma?
宋家明：珍妮，你们国家夏天比这儿凉快吗？
Jenny, is it cooler in summer in your country than here?

Zhēnnī: Bǐ zhèr liángkuai duō le, zuì gāo qìwēn zhǐ yǒu èrshíwǔ-liù dù.
珍妮：比这儿凉快多了，最高气温只有二十五六度。
Much cooler, the highest temperature is only 25℃ to 26℃.

Sòng Jiāmíng: Dōngtiān ne?
宋家明：冬天呢？
How about the winter?

Zhēnnī: Dōngtiān bǐ zhèr lěng, zuì dī qìwēn chàbuduō líng xià sānshí dù, chángcháng xià xuě.
珍妮：冬天比这儿冷，最低气温差不多零下三十度，常常下雪。
It's colder, the lowest temperature is nearly －30℃ and it snows quite often.

Sòng Jiāmíng: Nǐ bú tài xǐhuan zhèr de xiàtiān ba?
宋家明：你不太喜欢这儿的夏天吧？
You don't like the summer here, do you?

Zhēnnī: Duì! Biéde wǒ dōu xǐhuan.
珍妮：对！别的我都喜欢。
No! I like all the rest except this.

Míngtiān huì xià yǔ ma?
明天 会 下雨 吗?
Is it going to rain tomorrow?

第九课
今天太热了（天气）

生词 01
New Words

❶	热	rè	（形）	hot
❷	大概	dàgài	（副）	approximately
❸	有	yǒu	（动）	here indicating estimation
❹	听	tīng	（动）	listen to
❺	天气	tiānqì	（名）	weather
❻	预报	yùbào	（名）	forecast
❼	明天	míngtiān	（名）	tomorrow
❽	怎么样	zěnmeyàng	（代）	how about
❾	说	shuō	（动）	to say
❿	雨	yǔ	（名）	rain
⓫	凉快	liángkuai	（形）	cool
⓬	希望	xīwàng	（动）	hope
⓭	后天	hòutiān	（名）	the day after tomorrow
⓮	晴	qíng	（形）	clear; sunny
⓯	场	chǎng	（量）	a classifier used as an indefinite article or together with a quantity in entertainment and sports activities
⓰	足球	zúqiú	（名）	soccer
⓱	比赛	bǐsài	（名）	match
⓲	加油	jiāyóu	（动）	to cheer
⓳	国家	guójiā	（名）	nation; country
⓴	夏天	xiàtiān	（名）	summer
㉑	比	bǐ	（动）	than
㉒	最	zuì	（副）	most; best
㉓	高	gāo	（形）	high
㉔	气温	qìwēn	（名）	temperature
㉕	冬天	dōngtiān	（名）	winter

汉语一月通
Easy Chinese

Wǒ zuì xǐhuan chūntiān.
我 最 喜欢 春天。
I like spring best.

26	冷	lěng	（形）	cold
27	低	dī	（形）	low
28	差不多	chàbuduō	（副）	almost; nearly
29	零下	líng xià		below zero
30	常常	chángcháng	（副）	often
31	下雪	xià xuě		to snow
32	对	duì	（形）	yes; right

 语言点

Language Points

1 Nǐ tīng tiānqì yùbào le ma?
你 听 天气 预报 了 吗?
Did you listen to the weather forecast?

语气助词"了"用在句尾说明事情的发生、动作的完成、情况的出现和状态的变化,疑问句式为:"……了吗?"

The modal particle "了" can be used at the end of a sentence to indicate the completion of an action or a change or a certain situation under certain conditions, the interrogative form of which is "……了吗?".

2 Míngtiān tiānqì zěnmeyàng?
明天 天气 怎么样? How about the weather tomorrow?

"怎么样"可以用在疑问句句尾,用来询问事物的性质、状况、评价等。

"怎么样" is usually used at the end of a sentence to form a question, to inquire about the general nature, condition or manner of something.

Xià le yǔ huì liángkuai yìdiǎnr.
下了雨会凉快一点儿。 It'll be cooler if it rains.

动态助词"了"用在动词或形容词后面,表示动作或变化已经完成,可用于预期的或假设的动作。

"了" is used after a verb or an adjective, to indicate the completion of an action or a change, which can be used for an anticipated or presupposed act.

Nǐmen guójiā xiàtiān bǐ zhèr liángkuai ma?
你们国家夏天比这儿凉快吗?
Is it cooler in summer in your country than here?

汉语中,进行两者的比较主要用"A 比 B+形容词"这样的结构,如"麦克比宋家明高"。

In Chinese, the sentence structure of "A 比 B+*adj.*" can be used for the comparison of two people or things, such as "麦克比宋家明高(Mike is taller than Song Jiaming)".

Bǐ zhèr liángkuai duō le.
比这儿凉快多了。 It's much cooler than here.

在比较句中,形容词的前面不能添加"很""非常""太""真"等表示程度的副词。要表示二者的差别程度较大或较小,可采用在形容词后加补语的形式:"A 比 B+形容词+得多/很多/多了"(差别大),如"我们国家比这儿凉快得多";"A 比 B+形容词+一点儿"(差别小),如"我们国家比这儿凉快一点儿"。

In comparative sentences, adverbs such as "很","非常","太" and "真" cannot be added before adjectives for degree or extent. Instead, the difference in extent between two things can be conveyed by adding a complement after adjectives, thus "A 比 B+*adj.*+得多/很多/多了" is used for big difference, e.g. "我们国家比这儿凉快得多(It's much cooler in our country than here)" whereas "A 比 B+*adj.*+一点儿" for small difference, e.g. "我们国家比这儿凉快一点儿(It's a little bit cooler in our country than here)".

6 最高气温只有二十五六度。
Zuì gāo qìwēn zhǐ yǒu èrshíwǔ-liù dù.
The highest temperature is only 25℃ to 26℃.

汉语中,相邻的两个数词连用表示概数,如:"两三斤苹果"。其他表示概数的方法有:在数词前加"差不多""大概"等,或者在数词后加"多"。

In Chinese, two adjacent numerals can be used together to indicate an approximate number, amount, or quantity, e. g. "两三斤苹果(around two to three jin of apples)". Other expressions used to indicate the concept of approximation include adding "差不多" and "大概" etc. before numerals, or adding "多" after numerals.

03 文化点
Cultural Points

1 温度 Temperature

中国人谈温度,如果不特别指明的话,"度"一般指摄氏,而不是指华氏。

In China, "度" is usually referred to Celsius (℃) not Fahrenheit (℉) when the temperature is mentioned.

2 中国气候简介 China's Climate

中国位于北半球,北回归线穿过南部,从南到北跨热带、亚热带、暖温带、温带、寒带等气候带,气候复杂多样。中国大部分地区位于北温带和亚热带,属东亚季风气候,南北温差悬殊。每年10月至次年3月刮冬季风,多数地区寒冷干燥;4月至9月刮夏季风,大部分地区高温多雨。

China is located in the northern hemisphere with a complex and diverse climate. With the Tropic of Cancer running through the south, China, from the south to the north, spans the climate zones of tropical, subtropical, warm temperate, temperate and cold zones. Most of China is located in the north temperate and subtropical zone, with an East Asian monsoon climate; and the temperature difference between the north and south is huge. When

Wǒ méi dài yǔsǎn.
我 没 带 雨伞。
I didn't bring my umbrella.

第九课 今天太热了（天气）

winter winds blow from October to the following March every year, its most areas are cold and dry. When summer winds blow from April to September, its most areas are hot and rainy.

练习 04
Exercises

❶ 替换练习　Substitutions

(1) Nǐ　　tīng　　tiānqì yùbào　　le ma?
　　你　　听　　天气 预报　　了 吗？

　　Màikè　　qù　　　　Shànghǎi
　　麦克　　去　　　　上海；

　　māma　　mǎi　　　píngguǒ
　　妈妈　　买　　　苹果；

　　Zhēnnī　　huí　　　guó
　　珍妮　　回　　　国；

　　nǐ　　　mǎi　　　máoyī
　　你　　买　　　毛衣(buy a sweater)

(2) A：Míngtiān tiānqì zěnmeyàng?
　　　明天 天气 怎么样？

　　B：Yǒu dàyǔ.
　　　有 大雨。

　　Běijīng　　　　　　　qíng
　　北京　　　　　　　晴(sunny)；

　　Xiānggǎng　　　　　hěn rè
　　香港(Hong Kong)　很 热；

　　hòutiān　　　　　　　yīn
　　后天　　　　　　　阴(cloudy)；

　　zhōumò　　　　　　　hěn lěng
　　周末(weekend)　　很 冷

(3) Nǐmen guójiā xiàtiān　bǐ　zhèr　liángkuai ma?
　　你们 国家 夏天　　比　这儿　凉快 吗？

　　nǐ　　　　　　dìdi　　　　　gāo
　　你　　　　弟弟　　　　高；

　　Màikè de Hànyǔ　　Zhēnnī　　hǎo
　　麦克 的 汉语　　珍妮　　好；

　　Shànghǎi de dōngxi　Běijīng　　guì
　　上海 的 东西　　北京　　贵；

　　míngtiān　　　　　jīntiān　　　rè
　　明天　　　　　　今天　　　热

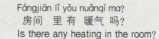

Fángjiān lǐ yǒu nuǎnqì ma?
房间 里有 暖气 吗?
Is there any heating in the room?

(4) <u>　Wǒmen guójiā　</u> bǐ <u>　zhèr　</u> liángkuai duō le.
　　<u>　我们 国家　</u> 比 <u>　这儿　</u> 凉快 多了。

dàngāo　　　　　miànbāo　　　　　hǎochī
蛋糕(cake)　　　面包(bread)　　　好吃；

gēge　　　　　　wǒ　　　　　　　gāo
哥哥　　　　　　我　　　　　　　高；

píngguǒ　　　　cǎoméi　　　　　　piányi
苹果　　　　　草莓(strawberry)　　便宜；

nǐ de máoyī　　wǒ de　　　　　　piàoliang
你的毛衣　　　我的　　　　　　漂亮

❷ 造句　Making sentences

　　　zěnmeyàng　　　　　　　xīwàng
　(1) 怎么样　　　　　　(2) 希望

　　　bǐ　　　　　　　　　　chángcháng
　(3) 比　　　　　　　　(4) 常常

❸ 组句　Sentences formation

　　zěnmeyàng　hòutiān　tiānqì
(1) 怎么样　　后天　　天气
_____

　　yǒu　dàgài　35　míngtiān　dù
(2) 有　大概　35　明天　　度
_____

　　lěng　guójiā　nǐmen　dōngtiān　zhèr　bǐ　ma
(3) 冷　国家　你们　冬天　这儿　比　吗
_____

　　xiàtiān　xǐhuan　tài　bú　wǒ
(4) 夏天　喜欢　太　不　我
_____

　　xià yǔ　huì　yùbào　tiānqì　míngtiān　shuō
(5) 下雨　会　预报　天气　明天　说
_____

Zhèlǐ qiūtiān chángcháng guā fēng.
这里 秋天 常常 刮风。
It's often windy here in autumn.

第九课
今天太热了（天气）

❹ 连线　Sentences matching

(1) Míngtiān tiānqì zěnmeyàng?
　　明天 天气 怎么样？

A：Zuì gāo 32 dù, yǒudiǎnr rè.
　　最高 32 度，有点儿热。

(2) Jīntiān duōshao dù?
　　今天 多少 度？

B：Tiānqì yùbào shuō bú xià yǔ.
　　天气 预报 说 不 下雨。

(3) Míngtiān bǐ jīntiān rè ma?
　　明天 比 今天 热 吗？

C：Hěn hǎo, shì qíng tiān.
　　很好，是晴天(sunny)。

(4) Jīntiān huì xià yǔ ma?
　　今天 会 下雨 吗？

D：Bǐ jīntiān rè duō le.
　　比今天热多了。

❺ 读出下面的温度　Read out the temperature below

15℃　－22℃　38℃　－4℃　40℃　－19℃

❻ 请说出今天当地的最高、最低气温，并说一说你觉得最舒服的气温。　Please tell the highest and lowest temperature in the local areas today, and talk about your most pleasing temperature.

❼ 会话练习　Conversational practice

(1) 说一说今天的天气。
    Talk about today's weather.

(2) 介绍自己国家的气候，并与当地气候做比较。
    Introduce your country's climate and make a comparison with that of the place you live.

(3) 跟同学聊一聊自己最喜欢的季节。
    Talk about your favorite season with your classmates.

补充词语 Supplementary words：

qíng tiān
晴 天 (sunny)

yīn tiān
阴 天 (overcast)

duōyún
多云 (cloudy)

xià yǔ
下雨 (to rain)

xià xuě
下雪 (to snow)

guā fēng
刮风 (windy)

yǒu wù
有雾 (foggy)

Wǒ shì qiúmí, ài kàn qiúsài.
我 是 球迷，爱看球赛。
I'm a football fan and I love watching football games.

第十课 我喜欢打篮球（爱好）
Wǒ xǐhuan dǎ lánqiú
Unit 10 I LIKE PLAYING BASKETBALL (HOBBY)

情景 1

Scene 1

Sòng Jiāmíng: Màikè, Zhēnnī, wǒ zhēn gāoxìng nǐmen dōu lái kàn qiúsài.
宋 家明：麦克，珍妮，我 真 高兴 你们 都 来 看 球赛。
Mike, Jenny, I'm very glad to have you all watching the match.

Màikè: Wǒmen lái gěi nǐ jiāyóu!
麦克：我们来给你加油！
We came to cheer you!

Sòng Jiāmíng: Màikè, nǐ yě ài tī zúqiú ma?
宋 家明：麦克，你也爱踢足球吗？
Mike, do you also like playing soccer?

Màikè: Bù, wǒ xǐhuan dǎ lánqiú.
麦克：不，我喜欢打篮球。
No, I like playing basketball.

Sòng Jiāmíng: Nǐ yǒu shénme àihào, Zhēnnī?
宋 家明：你有什么爱好，珍妮？
Jenny, what are your hobbies?

Zhēnnī: Wǒ bú huì tī zúqiú, dàn xǐhuan kàn zúqiú bǐsài. Nǐ de àihào shì tī zúqiú ma?
珍妮：我不会踢足球，但喜欢看足球比赛。你的爱好是踢足球吗？
I can't play soccer, but I like watching the match. Do you like playing soccer?

第十课
我喜欢打篮球（爱好）

Wǒmen qù tiàowǔ ba.
我们去跳舞吧。
Let's go dancing.

Sòng Jiāmíng: Wǒ de àihào bǐjiào duō, wǒ hái xǐhuan yóuyǒng, dǎ pīngpāngqiú, tīng yīnyuè.
宋家明：我的爱好比较多，我还喜欢游泳、打乒乓球、听音乐。
I like many things such as swimming, table tennis and music.

Màikè: Wǒ yě xǐhuan yóuyǒng, nǎ tiān wǒmen bǐsài yíxià, zěnmeyàng?
麦克：我也喜欢游泳，哪天我们比赛一下，怎么样？
I also like swimming. How about having a match some day?

Zhēnnī: Hǎo a, wǒ lái dāng cáipàn!
珍妮：好啊，我来当裁判！
Good, let me be a judge!

情景 2

Scene 2

Zhēnnī: Wáng lǎoshī zǎo!
珍妮：王老师早！
Morning, teacher Wang!

Wáng lǎoshī: Zhēnnī, nǐ zǎo! Nǐ qù nǎr?
王老师：珍妮，你早！你去哪儿？
Morning, Jenny! Where are you going?

Zhēnnī: Wǒ qù gōngyuán. Zuìjìn wǒ duì tàijíquán hěn gǎn xìngqù. Tīngshuō zǎoshang dǎ tàijíquán de rén hěn duō, wǒ qù kànkan.
珍妮：我去公园。最近我对太极拳很感兴趣。听说早上打太极拳的人很多，我去看看。
I'm going to the park. I've taken a fancy to shadowboxing recently. I heard there're many people playing it in the morning, so I want to take a look.

汉语一月通
Easy Chinese

Wǒ bú ài yùndòng, bǐjiào zhái.
我不爱运动，比较宅。
I don't like sports and I'm kind of otaku.

Wáng lǎoshī: Nǐ huì dǎ tàijíquán ma?
王老师：你会打太极拳吗？
Can you play shadowboxing?

Zhēnnī: Bú huì, wǒ xiǎng xué tàijíquán. Lǎoshī, nǐ huì ma?
珍妮：不会，我想学太极拳。老师，你会吗？
No, but I want to learn. Could you play it, teacher?

Wáng lǎoshī: Huì yìdiǎnr, wǒ kěyǐ jiāo nǐ.
王老师：会一点儿，我可以教你。
A little bit. I can teach you.

Zhēnnī: Hǎo jí le!
珍妮：好极了！
Great!

Tā lánqiú dǎ de tèbié hǎo.
他 篮球 打 得 特别 好。
He is very good at basketball.

第十课
我喜欢打篮球（爱好）

生词 01
New Words

❶	来	lái	（动）	to come
❷	看	kàn	（动）	to watch
❸	球赛	qiúsài	（名）	ball matches
❹	爱	ài	（动）	to like; take a fancy to; be keen on
❺	踢	tī	（动）	to kick
❻	打	dǎ	（动）	to play
❼	篮球	lánqiú	（名）	basketball
❽	爱好	àihào	（名）	hobby
❾	会	huì	（能愿动词）	can; know how to do sth. or be able to do sth. (esp. sth. learned)
❿	但	dàn	（连）	but
⓫	比较	bǐjiào	（副）	relatively, comparatively
⓬	游泳	yóuyǒng	（动）	swim
⓭	乒乓球	pīngpāngqiú	（名）	table tennis
⓮	音乐	yīnyuè	（名）	music
⓯	天	tiān	（量）	a classifier used for day
⓰	当	dāng	（动）	to act as
⓱	裁判	cáipàn	（名）	judge
⓲	早	zǎo	（形）	good morning
⓳	公园	gōngyuán	（名）	park
⓴	最近	zuìjìn	（名）	recently
㉑	对	duì	（介）	with regard to; to
㉒	太极拳	tàijíquán	（名）	shadowboxing
㉓	感兴趣	gǎn xìngqù		be interested in
	兴趣	xìngqù	（名）	interest
㉔	早上	zǎoshang	（名）	morning
㉕	想	xiǎng	（能愿动词）	to want; feel like
㉖	学	xué	（动）	to learn
㉗	教	jiāo	（动）	to teach
㉘	极	jí	（副）	extremely

Wǒ tèbié xǐhuan kàn shū.
我 特别 喜欢 看 书。
I like reading books very much.

02 语言点
Language Points

1 Nǐ yě ài tī zúqiú ma?
你也爱踢足球吗? Do you also like playing soccer?

谈论爱好时,可用"爱"或"喜欢"。

"爱" or "喜欢" can be used to talk about one's hobbies.

2 Nǐ yǒu shénme àihào?
你有什么爱好? What are your hobbies?

询问对方的爱好时,可以用以下句式:"你有什么爱好?""你的爱好是什么?""平时你喜欢做什么?""下课/下班以后你常做什么?"

The following sentences are often used to ask about one's hobbies: "你有什么爱好? (Do you have any hobbies?)" "你的爱好是什么? (What are your hobbies?)" "平时你喜欢做什么? (What do you enjoy doing at your usual?)" "下课/下班以后你常做什么? (What do you often do after class/after work?)"

3 Wǒ bú huì tī zúqiú.
我不会踢足球。I can't play soccer.

能愿动词"会"在这里表示懂得怎样做或有能力做(多半指需要学习的事情)。

Modal verb "会" can be used to indicate that one knows how to do something or is able to do something, especially something should be acquired through learning.

4 Zuìjìn wǒ duì tàijíquán hěn gǎn xìngqù.
最近我对太极拳很感兴趣。
I've taken a fancy to shadowboxing recently.

"对……感兴趣"表示对某人或某事有兴趣,其中"某人或某事"只能置于介词"对"之后,与之构成介宾短语,再放在"感兴趣"之前表示感兴趣的对象。

"对……感兴趣" means to be interested in somebody or something. Here

"某人(somebody)" or "某事(something)" should only be placed after the preposition "对", forming a prepositional phrase to indicate the object in which one is interested.

5 Hǎo jí le! 好极了! Great!

"形容词＋极了"一般用于口语,表示感叹某种性质和状态达到了最高程度。

"*adj.* ＋极了" is often used in spoken Chinese indicating an exclamation of something that has attained its highest degree in nature.

文化点 03 Cultural Points

中国人普遍喜爱的运动方式
Sports Popular with Chinese People

随着经济的发展与人民生活水平的提高,越来越多的中国人把体育健身运动看作是日常生活不可或缺的部分。每天早晨就有很多人早起进行晨练,尤其是老年人,常在公园打太极拳、舞太极剑、跳舞。中青年人早晨往往选择跑步。下午是年轻人踢足球、打篮球、打排球或打乒乓球的黄金时间。晚间则较为流行广场舞、慢跑、快走。近年来,一些外来体育项目,如保龄球、滑板、高尔夫球、攀岩等也相继为中国人所接受。

With the development of economy and the improvement of people's living standards, more and more Chinese people have taken a fancy to sports and made it an essential part in their daily life. Many people get up early for morning exercises, especially the senior people, who usually play shadowboxing, Taiji sword or dance in parks. Young and middle-aged people usually choose to go running in the morning. The afternoon is the prime time for young people to play football, basketball, volleyball or table tennis, while square dancing, jogging and brisk walking are more popular in the

Nǐ néng jiāo wǒ yóuyǒng ma?
你 能 教 我 游泳 吗?
Can you teach me how to swim?

evening. For recent years, some foreign games such as bowling, skateboarding, golf and rock climbing have come to be accepted by the Chinese people.

04 练习 Exercises

❶ 替换练习　Substitutions

(1) 我 喜欢 打篮球。
　　Wǒ xǐhuan dǎ lánqiú.

　　guàng jiē
　　逛 街 (go shopping);

　　kàn shū
　　看 书 (reading);

　　shàngwǎng
　　上网 (surf Internet);

　　liáotiān
　　聊天 (chatting);

　　lǚyóu
　　旅游 (traveling);

　　mànpǎo
　　慢跑 (jogging);

(2) 我 不会 踢足球。
　　Wǒ bú huì tī zúqiú.

　　tiàowǔ
　　跳舞 (dancing);

　　chànggē
　　唱歌 (singing);

　　zuò fàn
　　做 饭 (cooking);

　　yóuyǒng
　　游泳 (swimming);

　　diǎn wàimài
　　点 外卖 (order food delivery);

　　dǎ pūkè
　　打 扑克 (play poker)

Wǒ bú huì kāichē, xiǎng xué.
我不会开车，想学。
I can't drive and I want to learn.

第十课 我喜欢打篮球（爱好）

Zuìjìn wǒ duì tàijíquán hěn gǎn xìngqù.
(3) 最近 我 对 __太极拳__ 很 感 兴趣。

shūfǎ
书法（calligraphy）；

jīngjù
京剧（Peking Opera）；

Zhōngguóhuà
中国画（Chinese painting）；

Zhōngguó lìshǐ
中国 历史（Chinese history）；

Zhōngguó wǔshù
中国 武术（Chinese martial arts）

Zhōngguó wénhuà
中国 文化（Chinese culture）

Hǎo jí le!
(4) __好__ 极了！

měi
美（beautiful）；

rè
热；

duō
多；

kuài
快（quick）；

nánguò
难过（upset）；

hǎochī
好吃（tasty）

❷ 仿照例子说　Say it after the examples

hěn hǎo → tài hǎo le → hǎo jí le
例：很 好 → 太 好 了 → 好 极 了

hěn lěng　　hěn dà　　hěn máng　　hěn gāoxìng　　hěn piàoliang
很 冷；　很 大；　很 忙；　很 高兴；　很 漂亮

汉语一月通
Easy Chinese

Xiàbān yǐhòu nǐ cháng zuò shénme?
下班以后你常做什么?
What do you often do after work?

❸ 选词填空　Fill in blanks with the words given

néng	yào	xiǎng	kěyǐ	huì
能	要	想	可以	会

(1) Wǒ bú shì Rìběn rén, bú _____ shuō Rìyǔ.
我不是日本人,不_____说日语。

(2) Lǎoshī, Zhēnnī bù shūfu, jīntiān bù _____ lái shàngkè le.
老师,珍妮不舒服,今天不_____来上课了。

(3) Nǐ _____ zuò zhèr.
你_____坐这儿。

(4) Màikè _____ xué tàijíquán.
麦克_____学太极拳。

(5) Qǐng bù _____ shuōhuà.
请不_____说话。

❹ 完成对话　Complete the dialogues

(1) A: _____, nǐ xǐhuan _____ ma?
   A: _____,你喜欢_____吗?

   B: Bù, wǒ xǐhuan _____. Nǐ ne?
   B: 不,我喜欢_____。你呢?

   A: Wǒ xǐhuan _____.
   A: 我喜欢_____。

   B: Tīngshuō _____.
   B: 听说_____。

(2) A: Nǐ huì _____ ma?
   A: 你会_____吗?

   B: Bú huì, wǒ xiǎng _____. Nǐ huì ma?
   B: 不会,我想_____。你会吗?

   A: _____, wǒ kěyǐ _____.
   A: _____,我可以_____。

   B: Xièxie nǐ.
   B: _____! 谢谢你。

(3) A: Nǐ duì _____ gǎn xìngqù ma?
   A: 你对_____感兴趣吗?

   B: Bù, wǒ _____. Nǐ ne?
   B: 不,我_____。你呢?

   A: Wǒ xǐhuan _____.
   A: 我喜欢_____。

Wǒ yǒushíhou dǎ wǎngqiú.
我 有时候 打 网球。
I sometimes play tennis.

第十课
我喜欢打篮球（爱好）

❺ 组句　Sentences formation

(1) àihào　tī　wǒ　de　shì　zúqiú
　　爱好　踢　我　的　是　足球

(2) huì　Zhēnnī　yóuyǒng　bú
　　会　珍妮　游泳　不

(3) Màikè　tàijíquán　gǎn xìngqù　duì　hěn
　　麦克　太极拳　感 兴趣　对　很

(4) xǐhuan　yīnyuè　hái　tīng　wǒ
　　喜欢　音乐　还　听　我

(5) rén　xiàwǔ　de　lánqiú　dǎ　hěn duō
　　人　下午　的　篮球　打　很 多

❻ 会话练习　Conversational practice

(1) 说一说你最喜欢和最不喜欢的运动。
　　Talk about the sports you like most and the sports you like least.

(2) 与同学谈爱好。
　　Talk about your hobbies with your classmates.

补充词语 Supplementary words：

huà huà
画 画（drawing）

huábīng
滑冰（skating）

dǎ bàngqiú
打 棒球（play baseball）

dǎ gǎnlǎnqiú
打 橄榄球（play rugby）

jiànshēn
健身（go for a work-out）

qí zìxíngchē
骑 自行车（go cycling）

dǎ páiqiú
打 排球（play volleyball）

dǎ qūgùnqiú
打 曲棍球（play hockey）

kàn diànyǐng
看 电影（watch movies）

dǎ yóuxì
打 游戏（play games）

kàn xiǎoshuō
看 小说（read novels）

dǎ májiàng
打 麻将（play Mahjong）

kàn diànshì
看 电视（watch TV）

tán gāngqín
弹 钢琴（play piano）

tán jítā
弹 吉他（play the guitar）

dǎ wǎngqiú
打 网球（play tennis）

汉语一月通
Easy Chinese

Wǒmen zěnme qù Shànghǎi?
我们 怎么 去 上海?
How can we get to Shanghai?

第十一课　买一张去北京的火车票（旅行）
Mǎi yì zhāng qù Běijīng de huǒchē piào

Unit 11　I WANT TO BUY A TRAIN TICKET TO BEIJING (TRAVELING)

情景 ❶

Scene 1

Sòng Jiāmíng：Màikè, kuài fàngjià le, dǎsuàn qù lǚxíng ma?
宋家明：麦克，快放假了，打算去旅行吗？
Mike, the summer vacation is coming. Are you planning a travel?

Màikè：Wǒ xiǎng qù Běijīng wánwan.
麦克：我想去北京玩玩。
I want to go to Beijing for sightseeing.

Sòng Jiāmíng：Búcuò, Běijīng shì gè hǎo dìfang. Nǐ zuò fēijī qù háishi zuò huǒchē qù?
宋家明：不错，北京是个好地方。你坐飞机去还是坐火车去？
Good. Beijing is a good place. Do you go by plane or by train?

Màikè：Zuò huǒchē.
麦克：坐火车。
By train.

Fēijī piào zài dǎzhé, wǒmen zuò fēijī ba.
飞机票在打折,我们坐飞机吧。
Air tickets are on sale. Let's take a plane.

第十一课
买一张去北京的火车票(旅行)

Sòng Jiāmíng: Nà yào zǎo diǎnr mǎi piào, jiàqī rén duō.
宋家明:那要早点儿买票,假期人多。
Then you should book a ticket earlier as it's difficult to buy train tickets during holidays.

Màikè: Wǒ xiàwǔ jiù qù mǎi piào.
麦克:我下午就去买票。
I'm going to buy the ticket this afternoon.

情景 2

Scene 2

Màikè: Nǐ hǎo, wǒ yào mǎi yì zhāng qù Běijīng de huǒchē piào.
麦克:你好,我要买一张去北京的火车票。
Hi, I want to buy a train ticket to Beijing.

shòupiàoyuán: Nǐ yào nǎ tiān de?
售票员:你要哪天的?
Which day?

Màikè: 7 yuè 5 hào wǎnshang de.
麦克:7月5号晚上的。
One for the evening of July 5.

shòupiàoyuán: T110 cì, wǎnshang 10:07 kāi, dì-èr tiān shàngwǔ 10:08 dào.
售票员:T110次,晚上10:07开,第二天上午10:08到。
No. T110, depart at 10:07 p.m. and arrive at 10:08 a.m. the next day.

Màikè: Hǎo, wǒ yào yì zhāng.
麦克:好,我要一张。
Okay, I want one.

shòupiàoyuán: Nǐ yào wòpù ma?
售票员:你要卧铺吗?
Do you want a sleeping berth?

Màikè: Shì de, zhōngpù.
麦克:是的,中铺。
Yes, a middle berth.

汉语一月通
Easy Chinese

Wǒ zài wǎng shàng dìng fēijī piào.
我在网上订飞机票。
I booked the plane tickets online.

01 生词
New Words

① 快……了 kuài……le soon, indicates the action is about to begin
② 放假 fàngjià （动） have a holiday or a vacation
③ 打算 dǎsuàn （动） to plan
④ 旅行 lǚxíng （动） to travel
⑤ 玩 wán （动） to play; to visit
⑥ 不错 búcuò （形） right; yes; pretty good
⑦ 地方 dìfang （名） place
⑧ 飞机 fēijī （名） airplane
⑨ 还是 háishi （连） or
⑩ 火车 huǒchē （名） train
⑪ 那 nà （连） then
⑫ 早 zǎo （形） early
⑬ 票 piào （名） ticket
⑭ 假期 jiàqī （名） holidays
⑮ 就 jiù （副） right away
⑯ 张 zhāng （量） classifier, a piece of paper, painting, etc.
⑰ 次 cì （量） here used for train number
⑱ 开 kāi （动） to start; to depart
⑲ 第二天 dì-èr tiān the next day
⑳ 上午 shàngwǔ （名） the period from daybreak to noon
㉑ 卧铺 wòpù （名） sleeping berth
㉒ 中铺 zhōngpù （名） middle berth

02 专名
Proper Nouns

北京   Běijīng   Beijing

Gāotiě bǐ fēijī fāngbiàn.
高铁 比 飞机 方便。
High-speed trains are more convenient than planes.

第十一课
买一张去北京的火车票（旅行）

语言点
Language Points

Kuài fàngjià le.
快 放假 了。The summer vacation is coming.

"快……了"表示事情即将发生或动作即将进行。

"快……了" can be used to indicate that something or an act is about to take place.

Wǒ xiǎng qù Běijīng wánwan.
我 想 去 北京 玩玩。
I want to go to Beijing for sightseeing.

"去/来＋(地方)＋做什么"表示动作行为的目的。

"去/来(go to /come to)＋(地方)(a place)＋做什么(to do something)" can be used to indicate the purpose of an act.

Nǐ zuò fēijī qù hái shi zuò huǒchē qù?
你 坐 飞机 去 还是 坐 火车 去?
Do you go by plane or by train?

"(是)……还是……"连接两种可能的答案,构成选择疑问句,可选择其中的一个作为回答。

"(是)……还是……" can be used to form an alternative question involving two possible answers. Usually, one answer is chosen for a reply in this case.

Wǒ yào mǎi yì zhāng qù Běijīng de huǒchē piào.
我 要 买 一 张 去 北京的 火车 票。
I want to buy a train ticket to Beijing.

"要"有较多意思与用法,用作能愿动词时,可表示做某事的意志或意愿,如"我要买一张去北京的火车票""我要学汉语"等,其否定式为"不

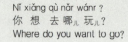

Nǐ xiǎng qù nǎr wánr?
你 想 去 哪儿 玩儿?
Where do you want to go?

想",而不是"不要";也可表示必须、应该,如"你回去后要多休息""那要早点儿买票"。

用作动词时,表示希望得到,或者请求、要求的意思,如"我要两斤苹果""老师要我去办公室";有时表示需要,如"坐车去要多长时间"。

The word "要" has many meanings and usages, which can indicate one's willpower or willingness to do something when used as a modal verb, e. g. "我要买一张去北京的火车票(I want to buy a train ticket to Beijing)", "我要学汉语(I want to learn Chinese)" etc. Its negative form is "不想", not "不要"; it can also express the meaning of must and should, e. g. "你回去后要多休息(Take more rest after you're back)", "那要早点儿买票(Then you should buy a ticket earlier)".

When used as a verb, it indicates one's wish to get something or one's request and demand, e. g. "我要两斤苹果(I want to buy two jin of apples)", "老师要我去办公室(The teacher wants me to go to the office)". Sometimes, the meaning of need is involved, e. g. "坐车去要多长时间?(How long does it take to get there by train?)".

5 一张 去北京 的 火车票 a train ticket to Beijing
yì zhāng qù Běijīng de huǒchē piào

汉语中,修饰语通常放在名词的前面,起修饰限定作用。这里的"一张"与"去北京"是"火车票"的修饰语,限定了火车票的数量及目的地。再如,"这是他昨天买的书"。"他昨天买的"放在名词"书"的前面做修饰语,起修饰限定"书"的作用。

In Chinese, modifiers usually go before nouns functioning as a qualification or limitation. Here "一张(one)" and "去北京(to Beijing)" are used as the modifiers of "火车票(train ticket)" for defining the quantity and the destination of the train ticket. One more example, "这是他昨天买的书 (This is the book he bought yesterday)". Here "他昨天买的(he bought yesterday)" is placed before the noun "书(book)" as a modifier qualifying the word "书".

Wǒmen xiǎng qù Xī'ān wánr.
我们 想 去 西安 玩儿。
We want to visit Xi'an.

第十一课
买一张去北京的火车票（旅行）

文化点 04 Cultural Points

1 火车票常识 The ABC of Train Tickets

火车的车次是一些数字，有时前面会有一些字母，都有特定含义：

G是指高铁，是目前中国速度最快的火车，车厢内较为舒适、宽敞，票价最高；

D是指动力火车，速度非常快，票价较高；

Z是指直达列车，一般由起点站直达终点站，中途几乎不停或只停几个主要车站；

T是指特快列车，速度较快，中途停靠的站台较少；

K是指快速列车，票价较低；

L是指临时加开的列车，一般在重要的节假日，如"五一""十一"、春节期间才有。

如车次前没有字母，则为普通旅客列车，速度较慢，中途停留的站点较多，但票价最低。

车票示例 A Train Ticket Sample

The train number in China is generally comprised of some designated numbers preceded by a capitalized letter：

G stands for the high-speed train, which is the fastest train in China at present. The carriages of this train are relatively comfortable and spacious, and the ticket price is the highest.

D stands for the power train, which is speedy and charges a high ticket price.

Z refers to the direct train, which generally goes from the starting station to the terminal station with almost no stops or only a few major stations.

汉语一月通
Easy Chinese

Fēijī chǎng tài yuǎn le.
飞机场太远了。
The airport is too far away.

T stands for the express train, which is faster and has fewer stops.

K is for the fast train with low fares.

L is for temporary trains, which are usually available during China's major holidays such as May 1st, October 1st and Spring Festival.

If there is no letter going before the No. of trains, the trains are ordinary passenger trains, which are relatively slower and stop at almost every station, but the ticket price is the cheapest.

2 旺季旅游须知 Guide for Traveling in Busy Seasons

中国人常常利用假期外出旅游、探亲访友，比如"五一"、"十一"和春节。暑假也是旅游旺季。这时候，如果你也要出游的话，最好提早预订车票、机票或旅馆。

In China, people often go traveling and visit relatives and friends during holidays such as May 1st, October 1st and Spring Festival. The time during summer vacations is also a busy time for traveling. You are advised to book tickets and hotels in advance if you go traveling at this time.

05 练习 Exercises

❶ 替换练习 Substitutions

Kuài fàngjià le.
(1) 快 放假 了。

xià yǔ
下 雨 (to rain);

shàngkè
上课 (go to class);

guānmén
关门 (close the door);

chūfā
出发 (set out)

Zuò fēijī qù Guìlín yào 2 gè bàn xiǎoshí.
坐 飞机 去 桂林 要 2 个 半 小时。
It takes two and a half hours to go to Guilin by air.

第十一课
买一张去北京的火车票（旅行）

(2) 你 <u>Nǐ zuò fēijī qù</u> 还是 <u>háishi zuò huǒchē qù</u>?
你 <u>坐飞机去</u> 还是 <u>坐火车去</u>?

hē chá　　　　　　　　hē kāfēi
喝 茶(tea)　　　　　　喝 咖啡(coffee);

qí chē　　　　　　　　zǒulù
骑 车(by bicycle)　　走路(on foot);

shì Zhōngguó rén　　　Hánguó rén
是 中国 人　　　　　　韩国 人(Korean);

xǐhuan dǎ lánqiú　　　tī zúqiú
喜欢 打 篮球　　　　　踢 足球

(3) 我 要 买 一 张 去 <u>Běijīng</u> 的 <u>huǒchē piào</u>。
我 要 买 一 张 去 <u>北京</u> 的 <u>火车 票</u>。

Shànghǎi　　　　　　　gāotiě piào
上海(Shanghai)　　　高铁 票(high-speed train ticket);

Xiānggǎng　　　　　　fēijī piào
香港(Hong Kong)　　飞机 票(air ticket);

Sūzhōu　　　　　　　　qìchē piào
苏州(Suzhou)　　　　汽车 票(bus ticket);

Chóngqìng　　　　　　chuán piào
重庆(Chongqing)　　船 票(steamer ticket);

Xīnjiēkǒu　　　　　　dìtiě piào
新街口(Xinjiekou)　地铁 票(subway ticket)

(4) <u>Wǒ</u> 想 去 <u>Běijīng</u> <u>wánwan</u>。
<u>我</u> 想 去 <u>北京</u> <u>玩玩</u>。

Màikè　　　Shēnzhèn　　　　　gōngzuò
麦克　　　深圳(Shenzhen)　　工作;

māma　　　Guìlín　　　　　　lǚyóu
妈妈　　　桂林(Guilin)　　旅游(to travel);

gēge　　　Shànghǎi　　　　　xuéxí
哥哥　　　上海　　　　　　　学习;

bàba　　　yínháng　　　　　huàn qián
爸爸　　　银行　　　　　　换 钱(change money);

mèimei　　shūdiàn　　　　　mǎi shū
妹妹　　　书店(bookstore)　买 书

❷ 组句　Sentences formation

　　　 ma　nǐ　qù　Sūzhōu　dǎsuàn　lǚxíng
(1) 吗 你 去 苏州 打算 旅行

汉语一月通
Easy Chinese

Wǒ xiǎng mǎi yì zhāng qù Guǎngzhōu de gāotiě piào.
我 想 买 一 张 去 广州 的 高铁 票。
I want to buy a ticket for the high-speed train to Guangzhou.

(2) xiǎng wǒ Běijīng xuéxí qù Hànyǔ
　　想　　我　北京　学习　去　汉语

(3) nǚ péngyou Zhōngguó rén shì háishi Rìběn rén nǐ
　　女 朋 友　　中 国 人　　是　还是　日本人　你

(4) piào fēijī nǐ shì zhè de
　　票　飞机　你　是　这　的

(5) yì zhāng yào Shànghǎi qù wǒ de huǒchē piào
　　一 张　要　上 海　去　我　的　火车 票

❸ 用"还是"提问　Raising questions using "还是"

　　mǎi píngguǒ　　　　　mǎi xiāngjiāo
例:买 苹果　　　　　　买 香蕉(banana)
　　Nǐ mǎi píngguǒ háishi mǎi xiāngjiāo?
　　你 买 苹果 还是 买 香蕉?

　　hē chá　　　　　　　hē kāfēi
(1) 喝 茶　　　　　　　喝 咖啡
　　qù yínháng　　　　　qù yóujú
(2) 去 银行　　　　　　去 邮局(post office)
　　shuō Yīngyǔ　　　　shuō Fǎyǔ
(3) 说 英语(English)　 说 法语(French)
　　chī miàntiáo　　　　chī mǐfàn
(4) 吃 面条(noodles)　 吃 米饭(steamed rice)
　　shì Zhōngguó rén　　Rìběn rén
(5) 是 中 国 人　　　　日本 人(Japanese)

❹ 完成对话　Complete the dialogues

(1) A:＿＿＿＿＿＿＿＿＿＿＿?
　　　Wǒ xiǎng qù Hángzhōu.
　　B:我 想 去 杭州。
　　A:＿＿＿＿＿＿＿＿＿＿＿?
　　　Zuò huǒchē qù.
　　B:坐 火车 去。
　　A:＿＿＿＿＿＿＿＿＿＿＿?
　　　Sān tiān.
　　B:三 天。

Nǐ de zuòwèi shì 6 hào chēxiāng 9A.
你 的 座位 是 6 号 车厢 9A.
Your seat is Car No. 6, 9A.

第十一课
买一张去北京的火车票（旅行）

(2) A：_____。

　　　Nǐ yào nǎ tiān de?
　　B：你 要 哪 天 的？

　　A：_____。

　　　　D411 cì kěyǐ ma? Liǎng xiǎoshí jiù dào le.
　　B：D411 次 可以 吗？ 两 小时 就 到 了。

　　A：_____？

　　B：9:30。

　　A：_____？

　　　93 kuài.
　　B：93 块。

❺ 看图回答问题　Look & answer

　　　Zhè zhāng chē piào shì jǐ yuè jǐ hào de? Shàngwǔ háishi xiàwǔ?
（1）这 张 车票 是 几月 几号 的？ 上午 还是 下午？

　　　Cóng nǎr dào nǎr?
（2）从 哪儿 到 哪儿？

　　　Zuò zài nǎr?
（3）坐 在 哪儿？

　　　Duōshao qián?
（4）多少 钱？

　　　Zài nǎr jiǎnpiào?
（5）在 哪儿 检票（check the ticket）？

❻ 会话练习　Conversational practice

（1）谈论假期计划。
　　Talk about your holiday plans.

（2）买火车票。
　　Buy train tickets.

汉语一月通
Easy Chinese

Qǐngwèn, yǒu kōng fángjiān ma?
请问，有空房间吗？
Excuse me, is there a room available?

第十二课　我要一个单人间
Wǒ yào yí gè dānrénjiān
（住宿）

Unit 12　I WANT A SINGLE ROOM
（HOTEL CHECK-IN）

情景 ❶

Scene 1

Màikè：Jiāmíng, wǒ yào shàngwǎng yùdìng lǚguǎn, nǐ bāng wǒ kànkan?
麦克：家明，我要上网预订旅馆，你帮我看看？
Jiaming, I want to book a hotel on Internet. Can you help me check out one?

Sòng Jiāmíng：Nǐ xiǎng zhǎo hǎo yìdiǎnr de bīnguǎn ma?
宋家明：你想找好一点儿的宾馆吗？
Do you want to find a good one?

Màikè：Bú yào tài guì, gānjìng, jiāotōng fāngbiàn jiù xíng.
麦克：不要太贵，干净、交通方便就行。
A hotel not too expensive, just clean and convenient.

Sòng Jiāmíng：Nǐ xiǎng dìng shénme fángjiān?
宋家明：你想订什么房间？
What kind of room do you want?

Màikè：Wǒ yào yí gè dānrénjiān.
麦克：我要一个单人间。
A single room.

Sòng Jiāmíng：Nǐ kàn zhège bīnguǎn zěnmeyàng? Zhèr yǒu fángjiān de zhàopiàn.
宋家明：你看这个宾馆怎么样？这儿有房间的照片。
Dānrénjiān de yōuhuì jià shì 228 yuán.
单人间的优惠价是228元。

Duìbuqǐ, jīntiān kè mǎn.
对不起，今天 客 满。
I'm sorry, we're full today.

第十二课
我要一个单人间（住宿）

How do you like this hotel? Here is the photo of the room. The discounted price for a single room is RMB 228.

Màikè：Jiù dìng zhège ba.
麦克：就 订 这个 吧。
just this one.

Scene 2

Màikè：Nǐ hǎo, wǒ jiào Màikè·Shǐmìsī, yí ge xīngqī qián wǒ
麦克：你好，我 叫 麦克·史密斯，一个 星期 前 我
dìngle yí ge dānrénjiān.
订了 一个 单人间。
Hi, my name is Mike Smith and I booked a single room a week ago.

jiēdàiyuán：Qǐng nín děng yíhuìr, wǒ chá yíxià dìngdān. …… zhǎo dào
接待员：请 您 等 一会儿，我 查 一下 订单。……找 到
le, Shǐmìsī xiānsheng, qǐng nín bǎ hùzhào gěi wǒ kàn yíxià.
了，史密斯 先生，请 您 把 护照 给 我 看 一下。
Hold on please. Let me check the order. … Oh, I got it. Mr. Smith, please show me your passport.

Màikè：Zhè shì wǒ de hùzhào.
麦克：这 是 我的 护照。
This is my passport.

jiēdàiyuán：Nín dǎsuàn zhù jǐ tiān?
接待员：您 打算 住 几天？
How long are you going to stay here?

Màikè：Sān tiān.
麦克：三 天。
Three days.

Hái yǒu 2 gè dàchuángfáng.
还有 2 个 大床房。
There are two king-size bed rooms available.

jiēdàiyuán： Qǐng nín zài zhèlǐ qiānmíng. Qǐng nín jiāo 1000 yuán yājīn.
接待员：请您在这里签名。请您交1000元押金。

Please sign your name here and pay a deposit of 1000 yuan.

……

jiēdàiyuán： Hǎo le. Zhè shì nín de fángkǎ, nín de fángjiān shì 6028.
接待员：好了。这是您的房卡,您的房间是6028。

Diàntī zài nàr.
电梯在那儿。

All right. Here is your room card. Your room number is 6028. The elevator is over there.

Yǒu shuāngchuángfáng ma?
有 双床房 吗?
Do you have a twin-bed room?

第十二课
我要一个单人间（住宿）

生词 01
New Words

❶	上网	shàngwǎng	（动）	go surfing
❷	预订	yùdìng	（动）	to book
❸	旅馆	lǚguǎn	（名）	hotel
❹	找	zhǎo	（动）	to look for
❺	宾馆	bīnguǎn	（名）	hotel
❻	干净	gānjìng	（形）	clean
❼	交通	jiāotōng	（名）	traffic
❽	行	xíng	（动）	all right; okay
❾	订	dìng	（动）	to book; to reserve
❿	房间	fángjiān	（名）	room
⓫	单人间	dānrénjiān	（名）	single room
⓬	照片	zhàopiàn	（名）	photo
⓭	优惠	yōuhuì	（形）	discount
⓮	价	jià	（名）	price
⓯	前	qián	（名）	ago
⓰	等	děng	（动）	to wait
⓱	一会儿	yíhuìr	（数量）	a little while; in a moment
⓲	查	chá	（动）	to check
⓳	订单	dìngdān	（名）	order
⓴	先生	xiānsheng	（名）	sir; mister
21	把	bǎ	（介）	a preposition used when the object is placed before the verb, and is the recipient of the action
22	护照	hùzhào	（名）	passport
23	这里	zhèlǐ	（代）	here
24	签名	qiānmíng	（动）	to sign one's name
25	交	jiāo	（动）	to pay

汉语一月通 Easy Chinese

Yí gè wǎnshang duōshao qián?
一个 晚上 多少 钱?
How much is it for one night?

㉖	押金	yājīn	（名）	deposit; foregift
㉗	房卡	fángkǎ	（名）	room card
㉘	电梯	diàntī	（名）	elevator

02 专名 Proper Nouns

史密斯　　　　Shǐmìsī　　　　Smith, Mike's family name

03 语言点 Language Points

1 Wǒ yào shàngwǎng yùdìng lǚguǎn.
我 要 上网 预订 旅馆。
I want to book a hotel on Internet.

　　由两个或两个以上的动词或动词词组同时充当谓语，连续说明同一个主语的动词谓语句叫连动句。连动句可以用来表示动作行为的目的或动作方式。如："我来中国学汉语"，"学汉语"表示"来中国"的目的；"我坐飞机去北京"，"坐飞机"表示"去北京"的方式。

　　A sentence in which two or more than two verbs or verbal constructions are used as predicate of the same sentence is called a sentence with verbal constructions in series (gearing sentence). A gearing sentence can be used to indicate the purpose of an act or the manner in doing something, e. g. "我来中国学汉语(I came to China to learn Chinese)", in which "学汉语" is the purpose of coming to China; "我坐飞机去北京(I went to Beijing by airplane)", in which "坐飞机" is the means to go to Beijing.

Hán zǎocān ma?
含 早餐 吗?
Is breakfast included?

第十二课
我要一个单人间（住宿）

2. Nǐ kàn zhège bīnguǎn zěnmeyàng? 你看这个宾馆怎么样？How do you like this hotel?

句中"你看"的意思是"你认为""你觉得"，表示征询对方的意见。

"你看" in the sentence is used to solicit one's opinions, meaning "how do you think/like…".

3. Zhèr yǒu fángjiān de zhàopiàn. 这儿有房间的照片。Here is the photo of the room.

"有"字句可表示领有，如"我有一本书"；也可表示存在，如"房间里有三个学生"。

"有-sentence" can be used to indicate possessions such as "我有一本书(I have a book)". Sometimes "有-sentence" may express a state of existence, e.g. "房间里有三个学生(There are three students in the room)".

4. Zhǎo dào le. 找到了。I got it.

动词"到、完、见、成"等和形容词"好、对、错"等都可以放在动词后面做结果补语，表示动作的结果。如"看见、吃完、做好"。带结果补语的句子，其否定形式是在动词前加"没（有）"。"找到了"的否定式是"没找到"。

The verbs such as "到、完、见、成" and adjectives such as "好、对、错" can be placed after verbs functioning as a complement of result, indicating the result of an act, e.g. "看见(saw)、吃完(ate up)、做好(done)". The negative form of the sentences with a complement of result is by adding "没（有）" before verbs. So the negative form of "找到了" is "没找到".

5. Qǐng nín bǎ hùzhào gěi wǒ kàn yíxià. 请您把护照给我看一下。Please show me your passport.

汉语中常用"把"字句来强调对动作对象的处置，表示通过动作使某确定

> Zǎocān zài èr lóu, shì zìzhùcān.
> 早餐 在 二楼，是 自助餐。
> Breakfast is served on the second floor. It's a buffet.

事物（"把"的宾语）发生某种变化，产生某种结果，或处于某种状态。这种变化和结果一般是位置的移动、从属关系的转移和形态的变化等。在"把"字句中，用介词"把"将宾语提前至动词前，动作带来的影响或结果放在动词后面，其语序为：主语（发出动作的主体）＋"把"＋宾语（被处置的对象）＋动词＋其他成分（如动作的结果或变化等）。例如："我把衣服洗干净了。"否定副词、能愿动词要放在"把"的前面，例如："你不能把车停在门口。"

In Chinese, "把-sentence" is often used to stress the disposal of the recipient of an act, indicating to make some certain things (the object of "把") have some certain changes or bring about some certain results, or to be in certain state through acts. In "把-sentence", "把" and verb objects should be placed before verbs, and the effects and results brought about by acts should be placed after verbs. The structure of "把-sentence" is: S. (the subject of an act) ＋ "把" ＋ O. (the recipient of disposal) ＋ v. ＋ other elements (such as results or changes of an act), e.g. "我把衣服洗干净了 (I've washed the clothes clean)"; and negative adverbs and modal verbs should be placed before "把", e.g. "你不能把车停在门口 (You can't park your car in front of the door)".

04 文化点 Cultural Points

1 预订宾馆 Hotel Reservation

去外地之前，最好提前订好宾馆。一般可采用网上预订的方式，方便快捷，而且图文并茂，信息一目了然。也可通过电话或委托旅行社预订房间。宾馆的房型大多有单人间、标准间、大床房、套间等。

It is wise to reserve a hotel before you go traveling. Room reservations can be done on Internet, which is convenient, fast and illustrated, or by telephone or through a travel agency. Most hotels have single rooms, twin-bed rooms, king-size bed rooms and suite rooms.

> Zhège bīnguǎn jiù zài dìtiě zhàn pángbiān.
> 这个 宾馆 就在 地铁站 旁边。
> The hotel is next to the subway station.

▶ 第十二课
我要一个单人间（住宿）

2 宾馆入住指南 Guide for Check-in & Check-out

在中国的旅馆、宾馆住宿，要凭本人护照办理登记手续。退房时也要注意时间，一般要求在中午12点以前退房，超过12点就要加收房费。

In China, you are supposed to show your passport for hotel's check-in, to go through hotel's check-out before 12 p.m., and extra pay will be charged if you check out after 12 p.m.

练习 05
Exercises

❶ 替换练习　Substitutions

    Wǒ yào shàngwǎng yùdìng lǚguǎn.
(1) 我 要 ___上网___ 预订 旅馆 。

  qù xuéxiào   shàngkè
  去 学校   上课；

  qù yīyuàn   kànbìng
  去 医院   看病（see a doctor）；

  qù chāoshì   mǎi niúnǎi
  去 超市（supermarket） 买 牛奶（milk）；

  dǎ diànhuà   dìngcān
  打 电话（make a phone call） 订餐（order a meal）

    Nǐ kàn zhège bīnguǎn zěnmeyàng?
(2) 你 看 ___这个 宾馆___ 怎么样？

  zhè běn shū
  这 本 书；

  zhè jiàn yīfu
  这 件 衣服（clothes）；

  qù fàndiàn chīfàn
  去 饭店 吃饭；

  qù Běijīng lǚyóu
  去 北京 旅游（travel）

汉语一月通
Easy Chinese

Jiǔdiàn zhōuwéi yǒu hěn duō fàndiàn.
酒店 周围 有 很 多 饭店。
There are many restaurants around the hotel.

(3) Zhèr yǒu fángjiān de zhàopiàn.
　　这儿 有 房间 的 照片。

　　zhuōzi shàng
　　桌子 上 (on the table)
　　qiáng shàng
　　墙 上 (on the wall)
　　píngmù shàng
　　屏幕 上 (on the screen)
　　xuéxiào pángbiān
　　学校 旁边 (near the school)

　　yì běn cídiǎn
　　一 本 词典 (a dictionary);
　　yì zhāng dìtú
　　一 张 地图 (map);
　　lièchē shíkèbiǎo
　　列车 时刻表 (train schedule);
　　hěn duō fàndiàn
　　很 多 饭店 (many restaurants)

(4) Zhǎo dào le.
　　找 到 了。

　　kàn 看 (listen) jiàn 见 (see);
　　tīng 听 (listen) qīngchu 清楚 (clear);
　　chī 吃 wán 完 (finished);
　　xǐ 洗 (wash) gānjìng 干净 (clean)

(5) Qǐng bǎ hùzhào gěi wǒ kàn yíxià.
　　请 把 护照 给 我 看 一下。

　　zhège jùzi
　　这个 句子 (sentence)
　　fángjiān
　　房间 (room)
　　diànnǎo
　　电脑 (computer)
　　chē
　　车

　　fānyì chéng Yīngwén
　　翻译 成 英文 (put into English);
　　shōushi hǎo
　　收拾 (tidy up) 好;
　　xiū yíxià
　　修 (repair) 一下;
　　tíng zài ménkǒu
　　停 在 门口 (park at the gate)

❷ 组句 Sentences formation

　　　diànhuà qǐng xiū yíxià bǎ
(1) 电话　请　修　一下　把

　　_____

　　　wǒ zhàopiàn bǎ māma gěi
(2) 我　照片　把　妈妈　给

　　_____

Máfan sòng yì shuāng yícìxìng tuōxié dào 8609 fángjiān, xièxie.
麻烦 送 一 双 一次性 拖鞋 到 8609 房间，谢谢。
Would you please send a pair of disposable slippers to Room 8609? Thank you.

第十二课
我要一个单人间（住宿）

　　　máoyī　　　zěnmeyàng　　　nǐ kàn　　zhè　　jiàn
（3）毛衣　　　怎么样　　　你看　　这　　件

_____

　　　yàoshi　　　　zhǎo　　dào　　Màikè　　le　　ma
（4）钥匙(key)　　 找　　 到　　 麦克　　 了　　吗

_____

　　　dānrénjiān　　yào　　wǒ　　yí gè
（5）单人间　　　要　　我　　一个

_____

❸ 用连动句完成句子　Complete the sentences using verbal constructions in series

　　　Zhēnnī　　　　　zǒulù　　　　　xuéxiào
（1）珍妮　　　　　 走路　　　　　 学校

　　　gēge　　　　　qí chē　　　　　gōngsī
（2）哥哥　　　　 骑 车　　　　　 公司

　　　Wáng lǎoshī　　zuò gōngjiāo chē　　yīyuàn
（3）王 老师　　　坐 公交 车　　　医院

　　　Màikè　　　　　dǎdī　　　　　chāoshì
（4）麦克　　　　　打的　　　　　超市

❹ 完成对话　Complete the dialogues

　　　　　Nǐ hǎo!　Zhèlǐ shì Dōngfāng Fàndiàn.
（1）A：你 好！这里 是 东方 饭店(Oriental Hotel)。
　　 B：_____。
　　　　　Nín xiǎng dìng shénme fángjiān?
　　 A：您 想 订 什么 房间？
　　 B：_____？
　　　　　Dānrénjiān 298 yuán.
　　 A：单人间 298 元。
　　 B：_____？
　　　　　Yōuhuì jià 268 yuán. Nín yào dìng nǎ tiān de?
　　 A：优惠 价 268 元。您 要 订 哪 天 的？
　　 B：_____。

Qǐng xiān qù qiántái dēngjì yíxià.
请 先 去 前台 登记 一下。
Please check in at the front desk first.

         Xiānsheng guìxìng?
  A:先 生 贵姓？
  B:_____。

     Hǎo de, bāng nín dìng hǎo le.　　　　Nín lái de shíhou bào
  A:好 的，帮 您 订 好 了。（It's done.）您 来 的 时候 报
     míngzi jiù xíng le.
    名字 就 行 了。（Just give your name when you come.）

        Xiānsheng, xiàwǔ hǎo. Huānyíng nín lái Dōngfāng Fàndiàn.
(2) A:先 生，下午 好。欢迎 您 来 东方 饭店。（Welcome
    to Oriental Hotel.）

  B:_____。

     Qǐng nín děng yíxià.
  A:请 您 等 一下。_____？
  B:_____。

     Nín dìng de shì　　　ma?
  A:您 订 的 是 _____ 吗？
  B:_____。

     Kěyǐ kànkan nín de hùzhào ma?
  A:可以 看看 您 的 护照 吗？
  B:_____。

     Qǐng nín zài zhèlǐ qiānmíng.……Nín de fángjiān shì 5158, gěi nín
  A:请 您 在 这里 签名。……您 的 房间 是 5158，给 您
    fángkǎ.
    房卡。

  B:_____！

❺ 会话练习　Conversational practice

(1) 与朋友谈论宾馆预订。
Talk about how to make a room reservation at a hotel with your friend.

(2) 办理宾馆入住手续。
Talk about how to check in at a hotel.

词汇表

Vocabulary

			A	
啊	a	（助）	attached to the end of a sentence to show approval	6
爱	ài	（动）	to like; take a fancy to; be keen on	10
爱好	àihào	（名）	hobby	10

			B	
八	bā	（数）	eight	3
把	bǎ	（介）	a preposition used when the object is placed before the verb, and is the recipient of the action	12
爸爸	bàba	（名）	father	1
吧	ba	（助）	used at the end of a sentence, implying soliciting sb.'s advice, suggestion, request or mild command	3
百	bǎi	（数）	hundred	3
半	bàn	（数）	half	5
帮	bāng	（动）	to help	7
比	bǐ	（动）	than	9
比较	bǐjiào	（副）	relatively, comparatively	10
比赛	bǐsài	（名）	match	9
别	bié	（副）	don't	4
别的	biéde	（代）	other	3
宾馆	bīnguǎn	（名）	hotel	12
不	bù	（副）	no; not	2
不错	búcuò	（形）	right; yes; pretty good	11
不见不散	bújiàn búsàn		be there or be square	8
不客气	bú kèqi		you're welcome	5
不用	búyòng	（副）	need not	7

汉语一月通
Easy Chinese

			C	
裁判	cáipàn	（名）	judge	10
菜	cài	（名）	dishes	6
菜单	càidān	（名）	menu	6
草莓	cǎoméi	（名）	strawberry	3
查	chá	（动）	to check	12
差不多	chàbuduō	（副）	almost; nearly	9
长	cháng	（形）	long	4
尝	cháng	（动）	to taste	6
常常	chángcháng	（副）	often	9
场	chǎng	（量）	a classifier used as an indefinite article or together with a quantity in entertainment and sports activities	9
吃	chī	（动）	to eat	6
吃	chī	（动）	to take(medicine)	7
迟到	chídào	（动）	late	4
次	cì	（量）	here used for train number	11
			D	
打	dǎ	（动）	to phone	8
打	dǎ	（动）	to play	10
打的	dǎdī	（动）	by taxi	4
打工	dǎgōng	（动）	to do odd job	4
打算	dǎsuàn	（动）	to plan	11
打折	dǎzhé	（动）	to sell at a discount; to give a discount	3
大	dà	（形）	big	3
大概	dàgài	（副）	approximately	9
带	dài	（动）	to bring	8
单人间	dānrénjiān	（名）	single room	12
但	dàn	（连）	but	10
蛋糕	dàngāo	（名）	cake	8
当	dāng	（动）	to act as	10
到	dào	（动）	to get to	4

词汇表

的	de	(助)	particle used at the end of a nominal structure to substitute for sb. or sth. already mentioned	3
……的话	……de huà		used at the end of a conditional clause	5
得	de	(助)	used after a verb or an adjective to introduce a complement of result or degree	7
等	děng	(动)	to wait	12
低	dī	(形)	low	9
第	dì	(头)	a prefix used prior to round numbers for sequence	5
第二天	dì-èr tiān		the next day	11
地方	dìfang	(名)	place	11
点	diǎn	(量)	o'clock	4
电话	diànhuà	(名)	telephone	8
电梯	diàntī	(名)	elevator	12
订	dìng	(动)	to book; to reserve	12
订单	dìngdān	(名)	order	12
东	dōng	(名)	east	5
冬天	dōngtiān	(名)	winter	9
都	dōu	(副)	both, all	1
度	dù	(量)	Celsius	7
对	duì	(形)	yes; right	9
对	duì	(介)	with regard to; to	10
多	duō	(形)	many; a lot of	3
多	duō	(代)	how	4
多	duō	(数)	more	5
多少	duōshao	(代)	how many; how much	3

E

二	èr	(数)	two	3

F

发烧	fāshāo	(动)	have a fever	7
方便	fāngbiàn	(形)	convenient	5

汉语一月通
Easy Chinese

房间	fángjiān	（名）	room	12
房卡	fángkǎ	（名）	room card	12
放假	fàngjià	（动）	have a holiday or a vacation	11
飞机	fēijī	（名）	airplane	11
分	fēn	（量）	fen, a Chinese money unit equal to 1‰ of one kuai	3
分钟	fēnzhōng	（量）	minute	4
份	fèn	（量）	a classifier used for jobs, documents, etc.	4
G					
干净	gānjìng	（形）	clean	12
感冒	gǎnmào	（动）	catch a cold	7
感兴趣	gǎn xìngqù		be interested in	10
高	gāo	（形）	high	9
高兴	gāoxìng	（形）	glad	2
个	gè	（量）	a classifier basically used before the nouns without a special classifier of their own	4
给	gěi	（动）	to give	3
给	gěi	（介）	introduce the object of the verb	8
公共汽车	gōnggòng qìchē		bus	5
公交车	gōngjiāo chē		bus	5
公司	gōngsī	（名）	company	4
公园	gōngyuán	（名）	park	10
工作	gōngzuò	（名）	job；work	4
拐	guǎi	（动）	to turn	5
光临	guānglín	（动）	presence of(a guest, etc.)	6
贵	guì	（形）	expensive	3
贵姓	guìxìng	（名）	May I know your name?	2
国	guó	（名）	country；nation	2
国家	guójiā	（名）	nation；country	9
H					
还	hái	（副）	also；in addition	3
还是	háishi	（连）	or	11

汉语	Hànyǔ	(名)	Chinese	2
好	hǎo	(形)	good, fine, okay	1
好吃	hǎochī	(形)	tasty	6
号	hào	(名)	date	4
号码	hàomǎ	(名)	number	8
喝	hē	(动)	to drink	6
很	hěn	(副)	very	1
后	hòu	(名)	after	7
后天	hòutiān	(名)	the day after tomorrow	9
护照	hùzhào	(名)	passport	12
欢迎	huānyíng	(动)	welcome	6
回	huí	(动)	to call back	8
回来	huílái	(动)	to come back	4
回去	huíqù	(动)	go back	7
会	huì	(能愿动词)	will	7
会	huì	(能愿动词)	can; know how to do sth. or be able to do sth. (esp. sth. learned)	10
火车	huǒchē	(名)	train	11
J				
极	jí	(副)	extremely	10
几	jǐ	(代)	how many/much; a couple of	4
家	jiā	(量)	a classifier used for companies, factories, etc.	4
加油	jiāyóu	(动)	to cheer	9
假期	jiàqī	(名)	holidays	11
价	jià	(名)	price	12
件	jiàn	(量)	a classifier for individual matters or things	3
见	jiàn	(动)	to meet	8
教	jiāo	(动)	to teach	10
交	jiāo	(动)	to pay	12
交通	jiāotōng	(名)	traffic	12
饺子	jiǎozi	(名)	dumpling	6

汉语一月通
Easy Chinese

叫	jiào	（动）	to call	2
斤	jīn	（量）	jin, a Chinese unit of weight equal to 500g	3
今天	jīntiān	（名）	today	4
九	jiǔ	（数）	nine	3
就	jiù	（副）	just	4
就	jiù	（副）	right away	11
K				
开	kāi	（动）	to start；to depart	11
看	kàn	（动）	to look at；to have a look	6
看	kàn	（动）	to watch	10
可能	kěnéng	（能愿动词）	probably；possibly	7
可以	kěyǐ	（能愿动词）	may	5
刻	kè	（量）	a quarter	4
块	kuài	（量）	kuai, a basic Chinese money unit	3
快……了	kuài……le		soon, indicates the action is about to begin	11
L				
来	lái	（动）	to want；to do	6
来	lái	（动）	to come	10
蓝	lán	（形）	blue	3
篮球	lánqiú	（名）	basketball	10
老师	lǎoshī	（名）	teacher	1
了	le	（助）	"不要了"："不+v.+了"can be used to indicate the change of original plans or tendencies, i.e. the emergence of a kind of new situation	3
了	le	（助）	indicating a certain situation under certain conditions	4
冷	lěng	（形）	cold	9
离	lí	（动）	from(can be used for space distance)	5
礼物	lǐwù	（名）	gift	8
厉害	lìhai	（形）	badly；terribly	7

量	liáng	（动）	to take(temperature)		7
凉快	liángkuai	（形）	cool		9
两	liǎng	（数）	two(a word usually used before a classifier)		3
两	liǎng	（量）	Chinese traditional unit of weight，50g		6
零下	líng xià		below zero		9
六	liù	（数）	six		3
31路(车)	31 lù(chē)		No. 31 bus		5
路口	lùkǒu	（名）	crossroad		5
旅馆	lǚguǎn	（名）	hotel		12
旅行	lǚxíng	（动）	to travel		11
M					
妈妈	māma	（名）	mother		1
马上	mǎshàng	（副）	at once		7
吗	ma	（助）	a modal particle used at the end of a question		1
买	mǎi	（动）	to buy		3
买单	mǎidān	（动）	pay a bill		6
卖	mài	（动）	to sell		3
毛	máo	（量）	mao, a Chinese money unit equal to 10％ of one kuai		3
毛衣	máoyī	（名）	sweater		3
没	méi	（动、副）	have not		7
每	měi	（代）	every; each		4
门口	ménkǒu	（名）	doorway		8
米	mǐ	（量）	meter		5
面条	miàntiáo	（名）	noodle		6
名字	míngzi	（名）	name		2
明天	míngtiān	（名）	tomorrow		9
N					
哪	nǎ	（代）	which		2
哪儿	nǎr	（代）	where		4
那	nà	（连）	then		11

那儿	nàr	(代)	there	8
南	nán	(名)	south	8
南边	nánbian	(名)	southern side	5
呢	ne	(助)	a modal particle used at the end of a special, alternative, or rhetorical question to indicate a question	1
能	néng	(能愿动词)	can; be able to	3
你	nǐ	(代)	you(singular)	1
你们	nǐmen	(代)	you(plural)	4
您	nín	(代)	(honorific)you	1
P				
陪	péi	(动)	to accompany	7
朋友	péngyou	(名)	friend	8
啤酒	píjiǔ	(名)	beer	6
便宜	piányi	(形)	cheap	3
漂亮	piàoliang	(形)	pretty; beautiful	3
票	piào	(名)	ticket	11
乒乓球	pīngpāngqiú	(名)	table tennis	10
瓶	píng	(名、量)	bottle	6
Q				
七	qī	(数)	seven	3
气温	qìwēn	(名)	temperature	9
签名	qiānmíng	(动)	to sign one's name	12
钱	qián	(名)	money	3
前	qián	(名)	ahead; front	5
前	qián	(名)	ago	12
晴	qíng	(形)	clear; sunny	9
请	qǐng	(动)	please	2
请假	qǐngjià	(动)	to ask for leave	7
请问	qǐngwèn	(动)	Excuse me	2
球赛	qiúsài	(名)	ball matches	10
去	qù	(动)	to go	4

			R		
热	rè	（形）	hot		9
人	rén	（名）	people; person		2
认识	rènshi	（动）	to know		2
			S		
三	sān	（数）	three		3
嗓子	sǎngzi	（名）	throat		7
上班	shàngbān	（动）	to go to work		4
上课	shàngkè	（动）	go to class		7
上网	shàngwǎng	（动）	go surfing		12
上午	shàngwǔ	（名）	the period from daybreak to noon		11
稍等	shāo děng		wait a moment		6
少	shǎo	（形）	few; little		3
什么	shénme	（代）	what		2
生日	shēngrì	（名）	birthday		8
十	shí	（数）	ten		3
时间	shíjiān	（名）	time		4
是	shì	（动）	to be(am, are, is, etc.)		2
试	shì	（动）	to try		3
手机	shǒujī	（名）	cell phone		8
舒服	shūfu	（形）	comfortable		7
水	shuǐ	（名）	water		7
说	shuō	（动）	to say		9
四	sì	（数）	four		3
送	sòng	（动）	to give		8
酸	suān	（形）	sour		6
			T		
他	tā	（代）	he; him		8
他们	tāmen	（代）	they, them		1
太……了	tài……le		too(+adj.)		3
太极拳	tàijíquán	（名）	shadowboxing		10
疼	téng	（形）	painful		7

汉语一月通
Easy Chinese

踢	tī	（动）	to kick	10
体温	tǐwēn	（名）	body temperature	7
天	tiān	（名）	day	4
天	tiān	（量）	a classifier used for day	10
天气	tiānqì	（名）	weather	9
甜	tián	（形）	sweet	6
听	tīng	（动）	listen to	9
听说	tīngshuō	（动）	to hear	4
同学	tóngxué	（名）	classmate	2
头	tóu	（名）	head	7
头疼	tóuténg	（形）	headache	7
W				
玩	wán	（动）	to play; to visit	11
碗	wǎn	（名、量）	bowl	6
晚上	wǎnshang	（名）	evening	8
往	wǎng	（介）	to; towards	5
喂	wèi	（叹）	hello	8
位	wèi	（量）	a classifier, used politely before people	8
问	wèn	（动）	to ask	2
问题	wèntí	（名）	problem	7
我	wǒ	（代）	I, me	1
我们	wǒmen	（代）	we; us	4
卧铺	wòpù	（名）	sleeping berth	11
五	wǔ	（数）	five	3
X				
希望	xīwàng	（动）	hope	9
喜欢	xǐhuan	（动）	to like	6
下次	xià cì		next time	6
下午	xiàwǔ	（名）	afternoon	4
下雪	xià xuě		to snow	9
夏天	xiàtiān	（名）	summer	9
先	xiān	（副）	first	6

先生	xiānsheng	（名）	sir; mister	12
现在	xiànzài	（名）	now	4
想	xiǎng	（能愿动词）	to want; feel like	10
小	xiǎo	（形）	small	3
小姐	xiǎojiě	（名）	Miss	3
小时	xiǎoshí	（名）	hour	5
谢谢	xièxie	（动）	thanks	5
星期	xīngqī	（名）	week	4
星期一	xīngqīyī	（名）	Monday	4
星期二	xīngqīèr	（名）	Tuesday	4
星期三	xīngqīsān	（名）	Wednesday	4
星期四	xīngqīsì	（名）	Thursday	4
星期五	xīngqīwǔ	（名）	Friday	4
星期六	xīngqīliù	（名）	Saturday	4
星期天	xīngqītiān	（名）	Sunday	4
行	xíng	（动）	all right; okay	12
姓	xìng	（动、名）	surname; one's family name is	2
兴趣	xìngqù	（名）	interest	10
休息	xiūxi	（动）	to rest	7
学	xué	（动）	to learn	10
学习	xuéxí	（动）	to study	2

Y

押金	yājīn	（名）	deposit; foregift	12
要	yào	（动）	to want	3
要	yào	（动）	need	5
要	yào	（能愿动词）	want to	6
要	yào	（能愿动词）	should	7
要……了	yào……le		be going to; be about to	4
药	yào	（名）	medicine; drug	7
也	yě	（副）	also, too	1
一	yī	（数）	one	3
（一）点儿	(yì) diǎnr	（数量）	a little	3

汉语一月通
Easy Chinese

一会儿	yíhuìr	（数量）	a little while; in a moment	12
一起	yìqǐ	（副）	together	8
一下	yíxià	（数量）	used after a verb to indicate one action or one try	6
一直	yìzhí	（副）	straight	5
医院	yīyuàn	（名）	hospital	7
音乐	yīnyuè	（名）	music	10
银行	yínháng	（名）	bank	5
优惠	yōuhuì	（形）	discount	12
游泳	yóuyǒng	（动）	swim	10
有	yǒu	（动）	to have; there be	3
有	yǒu	（动）	here indicating estimation	9
有点儿	yǒudiǎnr	（副）	a bit; a little	6
有名	yǒumíng	（形）	noted	6
右	yòu	（名）	right	5
又……又……	yòu……yòu……		both… and…	6
雨	yǔ	（名）	rain	9
预报	yùbào	（名）	forecast	9
预订	yùdìng	（动）	to book	12
远	yuǎn	（形）	far	5
月	yuè	（名）	month	4
Z				
在	zài	（介、动）	at; be at/in/on	2
再	zài	（副）	then	5
再	zài	（副）	in addition; besides	6
再见	zàijiàn	（动）	goodbye; see you again	8
糟糕	zāogāo	（形）	bad; awful	4
早	zǎo	（形）	good morning	10
早	zǎo	（形）	early	11
早上	zǎoshang	（名）	morning	10
怎么	zěnme	（代）	how	3

怎么样	zěnmeyàng	（代）	how about	9
张	zhāng	（量）	classifier, a piece of paper, painting, etc.	11
账单	zhàngdān	（名）	bill	6
着急	zháojí	（形）	to worry	4
找	zhǎo	（动）	to look for	12
照片	zhàopiàn	（名）	photo	12
这	zhè	（代）	this	2
这儿	zhèr	（代）	here	5
这里	zhèlǐ	（代）	here	12
真	zhēn	（副）	really	6
只	zhǐ	（副）	only	5
终点站	zhōngdiǎn zhàn		terminal; terminus	5
中铺	zhōngpù	（名）	middle berth	11
主食	zhǔshí	（名）	staple food	6
住	zhù	（动）	to live	8
走	zǒu	（动）	to go; to walk	5
走路	zǒulù	（动）	go on foot	5
足球	zúqiú	（名）	soccer	9
最	zuì	（副）	most; best	9
最近	zuìjìn	（名）	recently	10
坐	zuò	（动）	to take; travel by	5

专有名词				
北京	Běijīng		Beijing	11
东南大学	Dōngnán Dàxué		Southeast University	2
夫子庙	Fūzǐmiào		the Confucius Temple	5
麦克	Màikè		Mike	1
美国	Měiguó		U. S.	2
南京	Nánjīng		Nanjing	5
上海	Shànghǎi		Shanghai	4
史密斯	Shǐmìsī		Smith, Mike's family name	12
宋家明	Sòng Jiāmíng		Song Jiaming	2
酸菜鱼	Suāncàiyú		Boiled Fish with Pickled Cabbage and Chili	6

汉语一月通
Easy Chinese

糖醋里脊	Tángcùlǐji		Sweet and Sour Pork Tenderloin	6
王	Wáng		Wang, a Chinese surname	1
新街口	Xīnjiēkǒu		Xinjiekou	4
英国	Yīngguó		U.K.	2
珍妮	Zhēnnī		Jenny	1
中国	Zhōngguó		China	5